全國高等院校古籍整理研究工作委員會直接資助項目

陝西師範大學優秀著作出版基金資助出版

訂訛雜錄校箋

〔清〕胡鳴玉 撰　孫建偉 校箋

齊魯書社
·濟南·

圖書在版編目（CIP）數據

《訂訛雜録》校箋 / (清) 胡鳴玉撰；孫建偉校箋
. -- 濟南：齊魯書社, 2022.10
ISBN 978-7-5333-4547-1

Ⅰ. ①訂… Ⅱ. ①胡… ②孫… Ⅲ. ①訓詁②《訂訛雜録》-注釋 Ⅳ. ①H13

中國版本圖書館CIP數據核字(2022)第081488號

封面題簽：劉曉東
責任編輯：班文冲
責任校對：王其寶　趙自環
裝幀設計：李　生　亓旭欣

《訂訛雜録》校箋
DING E ZA LU JIAO JIAN
〔清〕胡鳴玉 撰　孫建偉 校箋

主管單位　山東出版傳媒股份有限公司
出版發行　齊魯書社
社　　址　濟南市市中區舜耕路517號
郵　　編　250003
網　　址　www.qlss.com.cn
電子郵箱　qilupress@126.com
營銷中心　（0531）82098521　82098519　82098517
印　　刷　山東新華印務有限公司
開　　本　880mm × 1230mm　1/32
印　　張　11.75
插　　頁　3
字　　數　260千
版　　次　2022年10月第1版
印　　次　2022年10月第1次印刷
標準書號　ISBN 978-7-5333-4547-1
定　　價　49.00圓

整理前言

《訂訛雜録》十卷，胡鳴玉撰。胡鳴玉（一六八五—一七六七），字廷佩，號吟鷗，江蘇青浦人。其所撰《訂訛雜録》一書，采集諸家觀點，加以己説，考訂文字、詞義、聲音之訛誤，論及事物之緣起，徵引古書互相發明，其中有暗合前人者，發明創獲亦不在少數。《四庫全書總目》認爲，該書『言皆有據，所得反較諸家爲多』。不過該書也有失檢之處，或引語失本，或未見古説。體例上，該書前九卷都没有總題目，在卷號下直接列出具體條目；第十卷總題爲『雜字音義』，其下没有分目，而是將所釋條目逐個排列。在今天來看，一方面，《訂訛雜録》所釋條目對於古籍整理和語言文字學等的研究具有重要的資料價值，姜亮夫、張涌泉等先生在相關論著中均有談及。另一方面，《訂訛雜録》版本較多，書内所引文獻甚繁，版本間文字差异現象亦不在少數。綜合來看，對於《訂訛雜録》一書的相關研究，主要體現在以下幾個方面：

一、對《訂訛雜録》内容的介紹及體例的揭示。對於《訂訛雜録》的性質和體例，《四庫全書總目》歸納爲：『考訂聲音文字之訛，大抵采集諸家説部而參以己説。』周祖謨先生在《中國大百科全書·語言文字卷》『訂訛雜録』條下指出：『這部書共有十卷，類似於唐代顔師古所作的《匡謬正俗》，考證常見的文字寫法和讀音的謬誤以及用典相沿的訛謬，分條駁正，所以書名《訂訛雜録》。』另外，徐德明《清人學術筆記提要》、馬文熙等《古漢語知識辭典》等亦有相關考察。

二、對《訂訛雜録》價值的探究或釋文的辨證。對於《訂訛雜録》的價值，《四庫全書總目》認爲，該書『但引古書，互相參證……所以言皆有據，所得反較諸家爲多』。在《中國大百科全書》中，周祖譔認爲，胡氏善校讎，書中條目考訂詳明，有的雖采録前人觀點，亦有價值。另外，清李慈銘《越縵堂讀書記》、余嘉錫《四庫提要辨證》、張舜徽《清人筆記條辨》等也對該書某些條目進行了辨證。

三、引用《訂訛雜録》的某些觀點或看法爲佐證。《訂訛雜録》注重考訂文字聲音，對古籍中文字的特殊用法進行了歸納和概括，這些考辨對於相關的古籍整理等工作有重要參考價值。對該書研究的其中一個方面即引用胡氏的觀點爲佐證，如曾良先生引用『雋永』條的例子。其他如何九盈先生《音韵叢稿》、羅永麟《中國仙話研究》、梁海燕《舞曲歌辭研究》等，均有相關引用。

由上來看，目前學界對《訂訛雜録》的整理和研究還處在較爲基礎的階段，多是引用此書的某些觀點爲佐證，尚無專門的研究成果，也未見該書的整理校勘本。要想很好地利用此書，勢必要對其進行全面而系統的校勘和整理，以更加凸顯其在古籍整理與語言文字學研究等方面的價值。我們對《訂訛雜録》一書進行全面整理與校勘，其價值主要表現如下：

第一，可以爲學界提供一個品質較高的校箋本。目前還没有學者整理過《訂訛雜録》，該書所引文獻資料數量衆多，加之文字漫漶處不少，利用起來多有不便。從版本系統來看，《訂訛雜録》主要有以下幾大系統：（一）康熙五十八年（一七一九）刊本，每葉分上下兩版，詞目單獨爲一列，徐德明、吴平主編的《清代學術筆記叢刊》即影印此本。（二）蕭山陳氏《湖海樓叢書》本，每葉衹有一版，詞目單獨一列；後世亦有該書的翻刻本，《叢書集成初編》即據此本排印。（三）《昭代叢書》所收吴江沈氏世楷堂藏本，每葉一版，詞目後空格，釋文緊隨其後。（四）《四庫全書》本，每葉一版，詞目單爲一列。從版本内容來看，上面四種版本又可以分爲三類：内容最全的爲《湖海樓叢書》本，其次爲康熙五十八年刊本、《四庫全書》本，最次爲《昭代叢書》本。前兩類之間的差别主要體現在第十卷，前兩類與第三類的差别頗大，很多條目在細節上都有不同。基於上面的事實，我們在對《訂訛雜録》一書進行校箋時，以《湖海樓叢書》本爲底本，以其餘三種版本爲參校本。具體操作上，我們在精校《湖海樓叢書》本的基礎上，對書中所引的訓解材料逐一進行了核訂，從而爲《訂訛雜録》的使用者提供了一個校釋精良的整理本，這對於學者們深入研究《訂訛雜録》和胡鳴玉其人等具有重要價值。

第二，有助於促進對《訂訛雜録》一書的認識及其價值的發掘。對於《訂訛雜録》的性質和體例，《四庫全書總目》歸納爲：『考訂聲音文字之訛，大抵采集諸家説部而參以己説。』經過系統整理之後的《訂訛雜録》，其内容更加全面，體例更加明晰，爲學者們的使用提供了很大的幫助，可進一步促進對該書價值的發掘。

第三，有助於相關古籍的整理與校勘。整理并校勘《訂訛雜録》一書，提取出其中關於古籍用字特點的相關論斷，對於當今的古籍整理與校勘工作有重要的指導意義。比如曾良先生《俗字及古籍文字通例研究》第十六章《古籍整理的文字規範化應注意的問題》之『不能以今正字來律其他時代的正字系統』部分，探討今之『辜負』在古籍中多作『孤負』這一問題時，例舉了中華書局標點本《斷髮記》第二十四齣的一個例子：『相辜負，想是我前生前世未能修。』校勘記將原書的『孤』改爲『辜』。事實上作『孤』不誣，不可輕易更改。曾先生同時引了《訂訛雜録》卷三的『孤負』條。胡文云：『……蘇詩「莫教孤負竹風凉」，又杜詩「更長燭明不可孤」，義山詩「映書孤志業」之類，不可殫述，總無誤作「辜負」者。即有之，係後人傳寫梓刻之訛，非元文也。辜，辠也。與「孤負」意絶不相蒙。』與此同時，曾良先生又通過宋、遼、金時代的語料，進一步證明胡氏之論斷非臆測。總之，諸如此類的關於古籍用字的看法，在《訂訛雜録》中較爲多見，這對於當今的古籍整理與校勘工作具有重要的理論指導意義和資料參證價值。

第四，有助於漢語言文字學相關問題的探究。《訂訛雜録》廣引他書以證作者的觀點，考訂了不少字詞的形、音、義等屬性，整理并校勘《訂訛雜録》一書，可以爲漢語言文字相關問題的研究提供觀點佐證或材料支持。比如卷十對於俗書喜加『艸（廾）』字頭的論斷，列舉『麻—蔴』『果—菓』『席—蓆』『韭—韮』等，頗有文字學見地。再如卷八『《周禮》奇字』條，羅列了《周禮》中慣用而『他經鮮用』的文字數例。張涌泉先生在《漢語俗字研究》附録二《俗字研究參考文獻舉要》中，將《訂訛雜録》列爲俗字研究的重要參考文獻。又汪維輝先生《語文學的功底　語言學的眼光——研治漢語詞彙史的一點心得》（《文獻語言學》第一輯，中華書局二〇一五年版）一文，在考察『彈』『蛋』的歷史演變時，即引用了胡氏的卷三『蜑』條。另外，胡氏在書中也繫聯了不少同源詞。這類見解對於漢語言文字學的研究而言，具有重要的理論和現實價值。

結合上面的事實，我們在整理《訂訛雜録》一書時，主要做了以下幾個方面的工作：

一、斷句標點。斷句準確與否，直接影響到文獻解讀的科學性。本書對《訂訛雜録》采用了新式標點，從而跟今天讀者的閱讀習慣相一致，且使全書文理更爲明確通貫。在具體句讀過程中，我們重點處理了胡鳴玉意引、節引類文獻的斷句和標點問題，比如胡氏引録《尚書》《左傳》《禮記》等經部文獻，《史記》《漢書》《後漢書》等史部文獻，《容齋隨筆》《野客叢書》《嬾真子録》《日知録》等考辨類筆記文獻等。

二、辨證异文，考校訛誤。在斷句、標點之外，我們對《訂訛雜録》進行整理的另外一項重要工作，是對該書不同版本的异文進行了辨證，對文字的訛誤進行了考校。結合我們實際考察的版本异文來看，《訂訛雜録》版本間的异文多表現爲一字异體現象，即不同版本在梓刻時，對一些字的寫法有不同的喜好，比如卷三『藐藐』條中的『略』字，康熙五十八年刊本、《湖海樓叢書》本如上示，而《四庫全書》本作『畧』。再比如卷三『繇辭』條中的『啓』字，康熙五十八年刊本、《湖海樓叢書》本、《四庫全書》本如上示，《昭代叢書》本作『啟』。從文字訛誤情况來看，諸版本均有訛誤出現。比如卷五『鍾離權』條，『以鍾離權爲漢將鍾離昧』之『昧』，《訂訛雜録》康熙五十八年刊本、《昭代叢書》本、《湖海樓叢書》本均如上示，四庫本作『眛』，此『眛』乃『昧』之誤梓。再如卷六『高唐神女夢』條，『旦爲行雲，暮爲行雨』之『旦』，《湖海樓叢書》本作『且』。從文義求之，『且』乃『旦』之誤梓。諸如此類的問題，我們在校箋中均予以嚴格辨析，以方便學界使用。

三、核訂引文。爲了提升整理成果的科學性，方便學者對《訂訛雜録》一書的利用和研究，我們在點校時，對胡氏的引文逐一做了核對。對於原文，我們在核對的基礎上，對節引的部分作相關注解，有疑誤者，亦加箋釋。比如卷八『訓故』條，胡氏所引『訓故大義』，與《漢書》原文有异，故我們在箋釋時，引録了《漢書·儒林傳》相關原文。另外，在核訂具體引文時，我們重點參考學術聲譽較高、通行度較廣的優良版本。

四、補全全書詞頭。需要説明的是，《訂訛雜録》的第十卷跟前九卷在體例上略异，没有列出詞目。但事實上，胡氏的第十卷也是在『雜字音義』下分條辨解，故我們仍參照前九卷的做法，將第十卷分條羅列。其詞頭也按照胡氏的習慣，選取被釋詞爲詞頭。例如：『儳，音暫。《表記》：「君子不以一日使其躬儳焉，如不終日。」又《曲禮》「毋儳言」，與《左傳》「鼓儳焉可也」音慙義异。』我們定其詞頭爲『儳』。

五、將底本中之俗寫字、异體字等相應進行規範，對底本與參校本不同之俗寫字、异體字等予以保留；將專有名詞中的异體字予以適度保留；將注音之字中的异體字予以保留。

最後，需要説明的是，由於受所見版本等資料和個人學識所限，《〈訂訛雜録〉校箋》一書亦難免有疏漏訛誤之處，此特祈方家不吝賜教，以增色於拙作，嘉惠學林。

校者謹記　壬寅初春

目録

整理前言……一

序跋及提要

訂訛雜録自序……胡鳴玉　一
訂訛雜録序……王　原　二
訂訛雜録識……胡鳴玉　三
訂訛雜録序……沈德潛　五
訂訛雜録序……陳　春　六
訂訛雜録跋……沈楙德　七
《訂訛雜録》提要……八

卷一

褎然……一一
策名委質……一二
商搉……一三
清和月……一四
劻勷……一五
密勿……一六
驀爾……一八
奕禩……一八
泠然……一九

逕庭……二〇
數奇……二〇
雋永……二三
佔畢……二四
滑稽……二五
含毫邈然……二六
培塿……二七
傴僂……二八
白頭如新……二九
口占……三〇
口號……三一
度曲……三二
兆眹……三三
蔕芥……三四
耑……三五
圖……三六
匪頒……三六
壹倡三嘆……三七
邁種……三八
芒種……三九
謏聞……四一
弋人何篡……四二
落魄……四三
拓落……四五
大較較然……四六
搶攘……四七
索解人不得……四八

卷二

野處而不暱……五〇

分野……五一
處分等語……五三
玉樹……五四
吃……五五
大觀壯觀等語……五六
中興……五七
逢掖……五九
溥暮……五九
尚書……六〇
以是藐諸孤……六一
去之夫……六二
欒……六二
苐第之辨……六三
爲勸學死……六四
仰字去聲用……六六
蒼黄……六七
不壹而足……六八
卑之毋甚高論……六九
睅……七〇
何居誰居……七一
斤斤……七二
丈人行等語……七二
仲父亞父……七四
宂長……七五
射覆……七六
幅隕……七七
蹏弛……七七
無盡藏……七八
薝蔔……七九
九京……八〇

跟蹡……八二
古人字止一言……八三

卷三

鄭重……八四
愀然……八五
瞿然……八六
兩造……八七
千頃陂……八八
豆區釜鐘……八八
挑達伴奐……九〇
寧馨阿堵……九〇
勍敵……九二
疑丞……九三
比物比志……九三
纍纍……九四
藐藐……九五
貫穿……九六
奸……九七
著鞭……九八
二十八宿……九九
鼓篋……一〇一
蘇辭……一〇一
蚤……一〇三
五松事……一〇四
孤負……一〇五
相提而論……一〇六
斷斷如也……一〇七
校獵……一〇八
傳臚……一〇九

剥棗……一〇九
劍器渾脱……一一〇
東閣等語……一一二
闐閣……一一三
幕……一一四
際天蟠地……一一五

卷四

覽揆初度……一一六
建瓴……一一七
剌謬乖刺……一一八
説字互誤……一一八
扞格……一一九
格又音各……一二〇
大比……一二一
假而……一二二
輓近世……一二三
恣睢睢陽……一二三
緣飾……一二三
對越詒厥等語……一二四
友于詒厥作對……一二五
漕……一二七
郅隆……一二七
健羨……一二八
又拜……一二八
不宣……一二九
謹空……一三〇
數見不鮮……一三一
蒲萄枇杷……一三二
琵琶……一三二

平一讀病……一三三
寧一讀佞……一三四
作一讀做……一三五
帆一作去聲……一三六
並一讀傍……一三七
冰一讀柄……一三八
膏一讀告……一三八
收一讀狩……一三九
膠一讀絞……一四〇
張一讀漲……一四一
遲一讀穉……一四一
貌一讀莫……一四二
裁一讀在……一四三
元……一四三
刺刺……一四五
龍鍾……一四五

卷五

漢壽亭侯……一四七
漢壽侯生辰……一四九
鍾離權……一五〇
鍾繇……一五一
涪翁……一五二
酇侯……一五二
考亭……一五三
張翰……一五四
中酒……一五五
飛黄騰踏……一五七
茗艼……一五七
感概……一五八

須麋……一五八
消摇……一五九
汩汩之辨……一六〇
晳晢之辨……一六〇
騫騫之辨……一六一
嘵譊之辨……一六二
量移……一六三
朝請……一六四
受釐……一六五
消渴……一六六
消痟之别……一六七
雌黄……一六八
遷鶯……一六九
折桂……一七〇
檃栝……一七一

卷 六

斷章……一七二
雍州……一七三
樂翁……一七四
丈人……一七五
令弟……一七六
夫君……一七七
縣官……一七八
道人……一七八
三鱣……一七九
六經……一八〇
有味其言……一八一
不得名一錢……一八一
曉人不當如是耶……一八二

宴爾誕彌……一八三
王瓜生……一八四
雙鯉魚……一八五
狡獪……一八六
爛漫……一八七
開元錢……一八八
一抔土……一八九
一介行李……一九〇
槃礴……一九一
萱堂……一九一
高唐神女夢……一九二
款識……一九三
食酒……一九四
文移字樣……一九五
洵……一九六
處州……一九六

卷七

逃禪……一九八
齊魯論之名始於漢……一九九
八股文緣起……一九九
戊音茂……二〇一
洗馬……二〇二
健訟之誤……二〇三
築長城非始於秦皇……二〇四
今韵非沈約本……二〇五
裝潢……二〇六
大采朝日……二〇七
長年……二〇八
渭陽……二〇九

容易否則……二一〇
乘查……二一一
白首爲郎非馮唐事……二一二
葷腥之辨……二一四
不諱字……二一五
湯餅……二一六
同姓爲昏……二一六
報聞罷……二一八
半菽……二一八
漫與……二一九
宣室……二二〇
裋褐……二二〇

卷八

郢削……二二三
舉案齊眉……二二三
衺……二二四
六經用字……二二五
周禮奇字……二二七
烏鬼……二二八
杏壇……二三〇
帶礪……二三二
執牛耳……二三三
何恙不已……二三四
一二三與壹貳叁同……二三五
訓故……二三七
九拜百拜……二三八
三古……二四〇
反璧……二四〇
相於……二四一

金錯刀……二四二
骰子……二四三
每下愈况……二四四
學官……二四五
吊生不吊死……二四六
邗溝之誤……二四六
用史語之失……二四七
祝即咒字……二四八
輔車……二五〇
名諱……二五〇
吹噓師資……二五一
鳳尾諾……二五二
圯上老人……二五三

卷九

濫觴……二五四
魁……二五五
橋梓……二五六
疆埸……二五七
客作……二五八
委靡……二六〇
明經……二六〇
秀才……二六一
舉人……二六四
進士……二六五
科目……二六六
殺俗讀去聲……二六七
令甲……二六七
小學宜講……二六八
土著……二七一
法三章耳……二七二
西崑體……二七二

先容……二七三
醞藉……二七四
芓栗……二七五
天夭是椓……二七六
皋比……二七七
煬竈……二七八
冬至書雲之誤……二七九
閤下閣下之辨……二八〇
乾字音异……二八三

卷　十

雜字音義……二八四
素王……二八四
酟……二八五
覬覦……二八五
倘……二八六
侄……二八七
朘……二八七
熙熙壤壤……二八八
紬……二八八
紙……二八九
衣……二九〇
劇……二九〇
晼……二九一
眇……二九一
儋石……二九二
肯綮……二九三
腁胝……二九四
學……二九四
抵掌……二九五

喬野 …… 二九六
丘墟 …… 二九七
扢 …… 二九八
鉛槧 …… 二九八
瑕 …… 二九九
派 …… 二九九
戲豫 …… 三〇〇
妹喜 …… 三〇一
豪釐 …… 三〇一
榼 …… 三〇二
溘 …… 三〇二
參差 …… 三〇三
頁 …… 三〇四
堂廉 …… 三〇四
床笫 …… 三〇四
悃愊 …… 三〇五
捭闔 …… 三〇六
滲灕 …… 三〇六
尉候 …… 三〇七
彌綸 …… 三〇七
授粲 …… 三〇八
相猶 …… 三〇八
若而 …… 三〇九
焯 …… 三一〇
儳 …… 三一〇
窋 …… 三一一
蠕 …… 三一一
朱提 …… 三一二
砥 …… 三一二
觖 …… 三一三

闟……三一四
坊……三一四
圜……三一五
漸、於……三一六
敧……三一七
叚……三一七
嬪……三一八
刊……三一八
骫……三一九
檷……三一九
敦……三二〇
掞……三二〇
閳……三二一
碏……三二一
葢、葉、査……三二二
晟……三二三
鰓鰓……三二三
妥帖……三二四
隋……三二四
苞……三二五
暴……三二六
郤……三二六
雹……三二七
苛……三二八
屈……三二八
屬……三二九
讐……三三〇
瀧……三三一
辟……三三一
惕……三三二

口吻……三三二
褉……三三三
錯愕……三三三
岐嶷……三三四
子諒……三三五
脞……三三六
脣……三三六
伏……三三七
齩……三三七
俗書喜加艸字……三三八
田畝斤兩等……三三八
訛頭……三三九
渾噩……三四〇
狉榛……三四一
禬結……三四一
喪家之狗……三四二
掎角……三四三
交綏……三四四
萋斐……三四四
七廟……三四五
拗……三四六
得心應手……三四七
二叔……三四七
隱秀……三四八
火耕……三四九
十二諸侯……三五〇
擩染……三五一
土苴選懦……三五二
司農士師……三五三
在宥……三五四

序跋及提要

訂訛雜録自序

胡鳴玉

近世，小學廢而不講，讀書識字鮮究本原，承訛襲舛，雖不至如抵授賢良、闖門學士之甚，然能無誤蹲鴟、解讀雌霓者，亦未易多覯。予家無藏書，見聞固陋，安敢妄肆雌黄。覼縷〔一〕訂正，第就日用淺近、紕繆特甚者，隨所記録。日裒〔二〕月積，絶無詮次〔三〕，名曰《訂訛雜録》。凡十卷，附於《四書字音砭俗》之後。其間辨證，或創或因，雖皆有依據，不敢杜撰炫奇，以欺耳目。所愧考核未詳，徵引未廣，飣餖薈蕞之學不免見譏大雅。藏弆〔四〕巾箱，聊以自鏡。而研友查子彦和見而韙之，輒取讎挍付梓，公諸好事，予不能沮止。然竊念予之寡聞，儻斯世有具眼者，不鄙魚蟲之注，指摘瑕玭，教其不逮，庶不負查子挍梓之勤，是則予之深幸也夫。時康熙五十八年，歲次己亥春三月，青浦胡鳴玉書。〔五〕

【校箋】

〔一〕覼縷：此處指詳述原委。
〔二〕裒：聚集。
〔三〕詮次：次第，層次。
〔四〕弆：收藏，保藏。
〔五〕此序出自康熙五十八年刊本《訂訛雜録》。

訂訛雜録序

王　原

歷稽載籍，先覺諸賢，會稡〔一〕綜核，其書甚多。或原物始，或正習訛，或析古書之同异，或别訓故之源流，隨取而足。凡以嘉惠後學，而人都庋閣不觀，村塾陋儒，目未嘗見；方音里諺，習而不察；膠固日久，罔知是正。吾邑胡子廷佩，年甚少，才甚高，志甚鋭，思糾正之。往者正四書音讀，著有稿本，今又即日用恒言，同然一辭，懵不知其舛誤者，標數十條，博徵而臚辨之，釐爲十卷。其用心可謂勤矣！同里查君彦和見而愛之，爲授剞氏[二]以廣其傳。而或者曰，事物之原委、末流之支分不止是也，奚以此戔戔[三]爲説。在韓非之論相馬也，伯樂教其所憎者相千里馬，教其所愛者相駑馬。千里之馬時一有，其利緩；駑馬日售，其利急也。飲白玉之卮而無當，孰若瓦卮之適於用也？因胡子之是，録而博通焉，是在乎善學者。康熙五十八年，歲在己亥秋七月，同里王原書。[四]

【校箋】

〔一〕會稡：會集、聚集。

〔二〕剞氏：此處指刻版印書的經營者。

〔三〕戔戔：形容少、淺狹。

〔四〕此序出自康熙五十八年刊本《訂訛雜録》。

訂訛雜録識

胡鳴玉

曩者是編之成，僅五閲月[一]。緣就正心殷，急付梨棗[二]，未暇點勘精詳。其中有襲前人成説而不必存者，有事近於俗而不足辨者，且字音字畫間未免疵纇，訂訛而仍蹈於訛。每一展卷，内愧於懷。是以數年來，束板高閣。而四方嗜古君子，不鄙謭陋〔三〕，時或詢之書賈。因復自忘狂瞽〔四〕，印本流通，并續數條於後。竊附愚者之慮，敢矜知者之希乎！若得重加考核，將前此之未愜於隱者，芟汰〔五〕無餘，一歸諦當〔六〕，則區區就正之心，庶幾稍慰焉爾。時乾隆四年，歲次己未冬十一月，胡鳴玉識。〔七〕

【校箋】

〔一〕閲月：經一月。

〔二〕付梨棗：刻版刊印書籍。古代印書的木刻版多用梨木或棗木刻成，後來用『梨棗』代指雕版印刷的版。

〔三〕謭陋：指淺薄。

〔四〕狂瞽：代指狂妄的不成熟的看法。

〔五〕芟汰：删除。

〔六〕諦當：確當，恰當。

〔七〕按，此文出自湖海樓叢書本《訂訛雜録》。

訂譌雜録序

沈德潜

《周禮·地官》『保氏掌教國子六書』。鄭康成注『條成縷析，粲如日星』。迨後許氏六義之説寖微，遂致字畫音聲之謬，以及用古沿襲之譌，指不勝屈。予於拙著《説詩晬語》中，曾爲釐正，略而未詳。竊欲裒輯成編，附於顔氏師古《匡謬正俗》之後，匆匆有志未逮。青浦胡子亭培，予老友也，舊有《訂譌雜録》一刻，風行藝苑，繼以遠游版缺，刷印久停。而四方好古之士，多向請觀，兹乃聊爲補綴印行。君以予素咨賞其書也，屬一言以弁〔一〕諸簡端，并深以未遑增入近年所訂若干條爲歉。君生平精於讎校，凡有以詩文集就正者，必猝慮覃思，爲之正其剞劂〔二〕之譌，絶無隱諱。予嘗謂其以古道自處，復以古道處人，非妄嘆也。前此張進士天，農中翰學圃，葉徵士木君，咸以直諒多聞見推，豈虚語哉？今雖年越古稀，而手不釋卷，著述日新。《訂譌》外，尚有『三傳傾液』『二國搴芳（《國語》《國策》）』『道南取珱〔三〕（《老子》《莊子》）』『行飯庬言』『耕餘偶輯』等集。其爲書也，皆足省檢勘之煩，資聞見之益。近以歲儉力綿，未克付梓。當俟刻成，爲之序厥緣起，以攄其藴，而廣其傳。在好古之士，必

不以予言爲溢美也。時乾隆二十三年，歲次戊寅孟冬，長洲同學弟沈德潛題。〔四〕

【校箋】

〔一〕弁：放在前頭。

〔二〕剞劂：刻鏤的刀具，後代指雕版、刻書。

〔三〕琰：同『琰』。清代爲避嘉慶皇帝顒琰之諱而改作此。

〔四〕此文出自《湖海樓叢書》本《訂譌雜録》。

訂譌雜録序

陳　春

胡廷佩氏，博覽群書，是正文字。所作《訂譌雜録》，多抒陳己意，而折正於前人之説。或旅述舊文，引而伸之，以補其所未備。書中往往稱洪容齋〔一〕、王勉夫〔二〕之言，核其旨歸，蓋晞〔三〕二子者也。板行數十年，日益稀少，爰取原本重梓之。日思誤讀書者，當亦有適於此云。嘉慶十有八年六月望後二日，蕭山陳春識於湖海樓之砥錫軒。〔四〕

【校箋】

〔一〕洪容齋：指南宋洪邁，其所著《容齋隨筆》，《訂訛雜録》一書多引之。

〔二〕王勉夫：指宋代的王楙，《訂訛雜録》中多次引用王楙的《野客叢書》。

〔三〕睎：此處取仰慕、希冀之義。

〔四〕此序出自《湖海樓叢書》本《訂訛雜録》。

訂訛雜録跋

沈楙德

世俗傳訛之語不可窮詰，前儒辨正之書亦不可勝數，要未有若胡氏此編之簡且便者也。世俗所傳訛者，一誤於句讀，再誤於形聲。句讀之不明，而容易否則之言來矣；形聲之不諳，而擔石鉛槧之讀至矣。今胡氏專就習見習聞者，一一規正之。雖『彭蜞』非是『彭蜎』，『裋褐』即爲『短褐』，未能確指，然於世俗所通行承訛襲謬已舉其大半。今而後，孟堅班固〔一〕不致疑爲兩人，神荼郁壘不致讀其本音矣。壬寅重九，吴江沈楙德識。〔二〕

【校箋】

〔一〕孟堅班固：班固，字孟堅。

〔二〕此跋出自《昭代叢書》本《訂訛雜録》。

《訂訛雜録》提要

臣等謹案，《訂訛雜録》十卷，國朝胡鳴玉撰。鳴玉，字廷佩，號吟鷗，青浦人。歲貢生，乾隆丙辰薦舉博學鴻詞。是編皆考訂聲音文字之訛，大抵采集諸家説部，而參以己説。其中有闇〔一〕合前人者，如《文選·神女賦》一條，謂『玉字、王字顛倒互寫』，是矣。然始辨其誤者爲姚寬《西溪叢語》，申明其義者爲張鳳翼《文選纂注》，而鳴玉仍反覆力辨之，是未見二説也。揚子《法言》『鴻飛冥冥，弋人何簒』一條，鳴玉歷引《後漢書·逸民傳注》、《陳子昂碑》、韓愈詩證今本誤『簒』爲『慕』，是矣。然今本實作『簒』，不作『慕』。其誤爲『慕』，則自張九齡《感遇詩》孤鴻〔二〕海上來一首押入遇韵始。以爲近人所誤，則非也。『龍鍾』一條，不取竹名、石名之説，是矣。然誤以岑參『雙袖龍鍾泪不乾』句爲常建詩。又李匡乂《資暇集》所解『龍鍾』之義，乃誤指爲龍爪泥痕。鳴玉未及引駁，亦疏漏也。『雙鯉魚』一條，駁《漢書·陳勝傳》《宋書·符瑞志》『魚腹藏書』之説，是矣。然此語始見蔡邕《飲馬長城窟行》，而但引古詩『尺素如霜雪，叠成雙鯉魚』，是邕後語，非其本也。又引蘇武『雁足帛書出於詭托』爲證，然『烹魚得書』雖屬寓言，而『射雁得書』則有郝經之實事。《陵川集》具載始末，未可謂之虚詞也。〔三〕凡此偶然失檢，時亦有之。要其但引古書，互相參證，不欲多生新意，自見所長。所以言皆有據，所得反較諸家爲多。狐白之裘，固非一腋。其網羅薈稡之勤，亦未可遽没也。乾隆四十六年正月恭校上。

【校箋】

〔一〕闇：通『暗』。

〔二〕按，《昭代叢書》本缺『孤鴻』二字。

〔三〕按，『又引蘇武』至『未可謂之虚詞也』數語，《昭代叢書》本缺。

卷一

褎然

褎〔一〕，音又。《漢書·董仲舒傳》：『制曰：「今子大夫褎然爲舉首，朕甚嘉之。」』〔二〕注服虔曰：『褎然，盛服貌。』〔三〕劉夢得詩：『俊骨英才氣褎然，策名飛步冠群賢。』〔四〕俗作『裒（蒲侯切）然』〔五〕，非。

【校箋】

〔一〕褎：服飾華美的樣子。

〔二〕後世有成語『褎然舉首』，意指才能超出同輩。

〔三〕按，『褎然，盛服貌』是顔師古所注，而非服虔所注。

〔四〕此二句語出劉禹錫詩《哭龐京兆》。

〔五〕裒：聚集。此「裒」與上「褎」音、義均别，在表示服飾盛美義上，俗所謂「裒然」之「裒」當是「褎」的訛誤字形。胡氏所斷甚確。

策名委質

《左·僖二十三年》〔一〕：「狐突曰：「策名委質，貳乃辟也。」」杜元凱〔二〕注：「名書於所臣之策，屈膝而君事之，則不可以貳。辟，罪也。」陸德明《釋文》云：「質，如字。」《韵府》〔三〕云：「委質，猶委身。」俗因《曲禮》有「童子委摯（與「贄」同）而退」之文，〔四〕又以臣子有「出疆載質」之説，〔五〕讀作「策名委贄」，非（附考《曲禮》「委贄」注：「童子不敢與成人爲禮，或見師友而執贄，則奠委於地，而自退避之也。」）。

【校箋】

〔一〕《左·僖二十三年》：指《左傳·僖公二十三年》。餘仿此，不贅注。

〔二〕杜元凱：杜預，西晋時期著名的軍事家、學者，字元凱。下不贅注。

〔三〕《韵府》：此處指《韵府群玉》，爲韵書之一種，元代陰時夫在其父陰應夢的指導下編寫而成。清代康熙年間張玉書等人奉旨編寫的《佩文韵府》將《韵府群玉》全部收録。

〔四〕『童子委摯』之説語出《禮記·曲禮下》，詳見下胡氏所引注文。又，此『童子委摯』之『摯』，康熙五十八年刊本、《昭代叢書》本作『摯』，《湖海樓叢書》本作『摯』。『摯』同『掣』，爲拉、拽之義，『摯』音同『質』，爲握持、拿義，二字音、義均别。從文義求之，作『摯』是，康熙五十八年刊本、《昭代叢書》本的『摯』是『摯』之訛誤形體。

〔五〕『出疆載質』之説語出《孟子·滕文公下》：『出疆必載質，何也？』

商　搉

商搉，音覺。今作『商確』，非。韓昌黎、孟東野《納凉聯句》：『儒庠恣游息，聖籍飽商搉。』謂商訂揚搉也。《廣韵》注云：『揚搉，大舉。』〔一〕《莊子·徐無鬼篇》：『則可不謂有大揚搉乎。』有寫作『商榷』，亦非。榷〔二〕，以木渡水。今略彴〔三〕是也。漢榷酤、唐榷茶〔四〕，謂禁民釀仰去聲酒擷茶，官獨開置，如道路設木爲榷，獨自取利也，與揚搉意無涉柳河東《寄郴筆詩》題〔五〕內亦有『令更商搉』語。

【校箋】

〔一〕《廣韵·覺韵》：『搉，揚搉，大舉。』

〔二〕榷：架在水上的横木，即獨木橋。

〔三〕略彴：小的獨木橋。彴，獨木橋。

〔四〕『榷酤』『榷茶』之『榷』，均取專營、專賣義。

〔五〕按，自『《廣韵》注云』至結束，取自康熙五十八年刊本，《湖海樓叢書》本但作『柳河東謝楊尚書《寄柳筆詩》序云「令更商榷，使盡其功」語』。

清和月

二月爲清和。〔一〕張平子《歸田賦》：『仲春令月，時和氣清。』〔二〕謝靈運詩：『首夏猶清和。』〔三〕今以四月當之者誤。〔四〕

【校箋】

〔一〕清和：指天氣清明和暖。三國魏曹丕《槐賦》：『天清和而濕潤，氣恬淡以安治。』

〔二〕仲春令月：春季的第二個月，即農曆二月。

〔三〕首夏猶清和：語出謝靈運《游赤石進帆海》：『首夏猶清和，芳草亦未歇。』

〔四〕『今以四月當之者誤』版本間有別，《昭代叢書》本如上作，《湖海樓叢書》本作『今以四月當之則（按下有脱字）』。綜合來看，《昭代叢書》本爲是，《湖海樓叢書》本的『則』下闕『誤』字。

劻勷

勷，汝陽切，讓平聲，音穰。與『贊襄』字音義不同。劻勷〔一〕，急遽貌。杜牧之詩：『參軍與尉簿，塵土驚劻勷。一語不中治，鞭笞身滿瘡。』〔二〕昌黎《劉統軍碑銘》：『蔡卒幸喪，圍我許郛；新師不牢，劻勷將逋。』『劻』亦作『恇』。《楚辭》：『逢此世之恇勷。』又昌黎詩：『渾奔肆狂勷。』〔三〕注云：『「狂」當作「狉」，亦作「劻」。』〔四〕劻勷，急遽也。故距躟爲行遽，髼鬆爲髮亂。皆以匡音爲正。』《青浦縣志》王洪州圻序云：『志可一日闕哉，而志猶不果葺者，百冗劻勷未暇也。』〔五〕又云：『商搉質訂。』可見前輩用字不苟。

【校箋】

〔一〕劻勷：急迫不安的樣子。

〔二〕見杜牧《冬至日寄小侄阿宜詩》，上海古籍出版社影印揚州詩局本《全唐詩》卷五二〇作：『參軍與縣尉，塵土驚劻勷。一語不中治，笞棰身滿瘡。』

〔三〕語出韓愈《征蜀聯句》。

〔四〕按，『狂勷』與『劻勷』同。《集韵·陽韵》：『劻，劻勷，遽也。或作狂。』

〔五〕語出《青浦縣志·舊序》。上胡氏所引之『葺』字，清光緒五年刻本作『輯』。

密勿

密勿〔一〕，不作秘密解。《漢書·劉向傳》：『君子獨處守正，不橈音鬧衆枉，勉强以從王事，則反見憎毒讒愬。故其詩曰：「密勿從事，不敢告勞。無罪無辜，讒口嗸嗸（《詩》作囂囂）。」』〔二〕顔師古注：『密勿，猶黽勉也。』又《傅亮表》：『密勿軍國，心力俱盡。』〔三〕少陵〔四〕《北征》詩：『君誠中興主，經緯固密勿。』周興嗣〔五〕《千字文》亦有『俊乂密勿，多士實寧』語。并解黽勉。惟柳子厚《爲李京兆祭楊郎中文》：『密勿之謀，惟道是履。』《祭姊（音止）夫崔使君文》：『密勿書奏，元侯是俞。』〔六〕似亦作秘密解，恐子厚失考。

【校箋】

〔一〕密勿：猶『黽勉』，勤勞努力。或又作秘密解。

〔二〕按，以上引文語出《漢書·楚元王傳第六》。嗸：同『嗷』。『密勿從事，不敢告勞』句語出《詩經·小雅·十月之交》：『黽勉從事，不敢告勞。無罪無辜，讒口囂囂。』

〔三〕語出《宋書·劉穆之傳》。

〔四〕少陵：指唐代詩人杜甫。杜甫自號少陵野老，世稱杜少陵。

〔五〕周興嗣：字思纂，南朝大臣，史學家，博學而善屬文。流傳最廣、最久遠的當屬其《千字文》。

〔六〕《爲李京兆祭楊凝郎中文》《祭姊夫崔使君簡文》皆是柳宗元所作。

蕞爾

蕞〔一〕，音萃。蕞爾，小貌。《左·昭七年》：『蕞爾國，而三世執其政柄。』陸德明曰：『蕞，在最反。』俗誤讀『撮爾』，以『蕞』與『撮』字形相似耳。

【校箋】

〔一〕蕞：小的樣子。《廣韵·泰韵》：『蕞，小貌。』與下文提到的『撮』義迥别，知胡氏所論不誣也。

奕禩

禩〔一〕，同祀。商謂年爲祀。奕禩，猶奕世也。〔二〕字从示从異。俗从冀〔三〕，因誤讀『奕冀』。《周禮·小祝之秀反》：『有寇戎之事，則保郊祀於社。』注云：『「祀」或作「禩」。』此『禩』與『祀』通用之一徵也。

【校箋】

〔一〕禩：『祀』的异體字。《説文·示部》：『禩，祀或从異。』

〔二〕奕禩：世代，代代。奕，指時間、世代的重、累。

〔三〕俗从冀：『禩』又作『禨』。

泠然

泠，音靈。泠然，清泠意。俗作『冷然』，非。《莊子·逍遥游》：『夫列子御風而行，泠然善也。』沈佺期詩：『不能懷魏闕，心賞獨泠然。』〔一〕又人名，唐詩人王泠然，〔二〕有《古木卧平沙》一律，見試帖中。

【校箋】

〔一〕語出唐代詩人沈佺期的《早發平昌島》。

〔二〕王泠然：唐代人，字仲清。

逕庭

逕庭，音聽，隔遠貌。又激過也。《莊子·逍遥游》：『吾驚怖其言，猶河漢而無極也。大有逕庭，不近人情焉。』俗誤讀爲『家庭』之『庭』。

數奇

數奇，音朔基。《漢·李廣傳》：『大將軍陰受上指，以爲李廣數奇，毋令平聲當單于，恐不得所欲。』〔一〕注：『如淳曰：「數爲匈奴所敗，爲奇不耦。」服虔曰：「作事數不耦也。」師古曰：「數音所角反，奇音居宜反。」』柳子厚《碑》云：『不遇興詞，鬱駹眉之都尉。數奇見惜，挫猿臂之將軍。』楊蟠詩云：『仲父嘗三逐，將軍老數奇。』〔二〕洪邁制詞云：『李廣數奇，應恨封侯之相；孟明一眚，終酬拜賜之師。』〔三〕皆遵《漢書音義》，作疏數字用。王維詩：『衛青不敗由天幸，李廣無功因數奇。』〔四〕《邵氏聞見録》曰：『《漢書音義》「數」作「朔」，則亦不可以對天矣。』〔五〕其説良是。又案，范筠詩：『數奇不可偶，性直誰能紆？』〔六〕杜詩：『數奇謫關塞，道廣存箕潁。』〔七〕《白詩集序》云：『文士多數奇，詩人尤命薄。』〔八〕蘇詩：『數奇逢惡歲，計拙集枯梧。』〔九〕并作命數之數。黄山谷〔一〇〕謂，師古注以數奇爲命隻不耦，乃命數之數，非疏數之數也。《宋景文公筆録》謂：『得江南《漢書》本，乃所具反，傳寫誤以所具反爲所角反耳。』〔一一〕去、入二聲，其用不同，其説各异如此。

【校箋】

〔一〕語出《漢書·李廣蘇建傳》。

〔二〕楊蟠：北宋詩人，字公濟，别號浩然居士。一生共作詩數千篇，有《章安集》。

〔三〕語出洪邁《容齋四六叢談》。

〔四〕語出王維《老將行》。

〔五〕《邵氏聞見録》：筆記集，北宋邵伯温所著。邵伯温，字子文，宋代洛陽人。

〔六〕語出南朝梁范筠《咏著詩》。

〔七〕語出杜甫《西枝村尋置草堂地，夜宿贊公土室二首》。

〔八〕語出白居易《序洛詩》。

〔九〕語出蘇軾《次韵和劉貢父登黄樓見寄并寄子由二首》。

〔一〇〕黄山谷：指黄庭堅，字魯直，號山谷道人，北宋著名文學家、書法家。

〔一一〕按，《宋景文公筆録》又稱《宋景文公筆記》，北宋宋祁撰。宋祁，字子京，小字選郎，謚號景文。又按，宋葉大慶《考古質疑》在考辨此條時亦引《宋景文公筆録》云：『孫宣公奭當世大儒，亦以爲音朔。余後得江南《漢書》本，乃所具切，以此知誤以具爲角也。』再按，上『孫宣公奭』指孫奭，北宋經學家、教育家，以經學成名，一生堅守儒家之道。

雋永

《雋永》，蒯通所著書名，凡八十一首，見《漢書》。師古注：『雋音字兖反，肥肉也。〔一〕永，長也。言其所論甘美，而義深長也。』元遺山〔二〕詩：『雋永不羡大官羊。』〔三〕二字人所習用，而不究所出，故詳之。雋，依顔氏音義，當讀前上聲，《廣韵》亦音徂兖切。注云：『鳥肥也。又姓，漢有雋不疑。』稃韵中止收儁字，而不收雋字，則雋爲前上聲無疑也。而方密之《通雅》〔四〕云：『《公羊傳》「得雋曰克此語在《左傳·莊公十一年》，《公羊傳》中并無此語。」、《後漢書》「朱雋《後漢書》作儁，與俊同，非雋也。字公偉」，皆讀俊。雋之音翦，乃俊字之隨讀耳。雋有翦音，猶平有便音、甄有堅音、竣有全音也。漢人注書雋翻字兖，出自師古，乃唐人，非漢人也。，偶以方言注之，後人別無所考，遂據爲定案耳。』案，此則『俊』與『翦』二音，又似不妨通讀。然恐《通雅》之言，考訂未精，不足爲據。〔五〕

【校箋】

〔一〕按，今傳本《漢書注》『肥肉也』前有『雋』字，兹轉引相關文字於此：『師古曰：「雋音字兖反。雋，肥肉也。永，長也。言其所論甘美，而義深長也。」』

〔二〕元遺山：元好問，字裕之，號遺山。

〔三〕語出元好問《醉後走筆》：『腰金更騎揚州鶴，雋永不羡大官羊。』

〔四〕按，此處『方密之《通雅》』數字，《湖海樓叢書》本作『□□□□□』，世楷堂藏版作『或』。從結構和文義來看，《湖海樓叢書》本的五個『□』正代表康熙五十八年刊本的『方密之《通雅》』數字；世楷堂藏版的『或』亦是用於替代『方密之《通雅》』數字。再考明方以智《通雅·

釋詁》『雋永者，味旨也』下云：『《公羊》曰：「得雋曰克。」』結合胡氏『雋永』條中所引其他文字來看，上所析當不誣也。另，用『□』替代『方密之《通雅》』，蓋其所據底本有殘缺，或不清晰，故重刊時以『□』代之。而一本用『或』者，蓋其底本原有殘，刊刻者以己意改之。此外，因爲《四庫全書》本均不缺，或可排除底本清晰而有意剜改的可能性。

〔五〕按，此處《湖海樓叢書》本作：『然恐□□之言，考訂未精，不足爲據。』『然恐』下缺兩個字。《昭代叢書》本所據吴江沈氏世楷堂藏版作：『然恐或人之言不足爲據。』又康熙五十八年刊本作：『然恐《通雅》之言，考訂未精，不足爲據。』對比上面三種本子，再結合上一條校勘記，可斷定《湖海樓叢書》本所缺的二字正是『通雅』；世楷堂藏版之『或人』代指方以智。其差异原因與上條同。

佔畢

呫嗶，不作唫諷〔一〕解〔二〕，亦非口旁。《禮·學記》『今之教者呻〔三〕其佔畢』注：『佔〔四〕，視也。畢〔五〕，簡也。言今之教人者，但吟諷其所佔視之簡牘，不能通其緼奥〔六〕。』案，字書『呫』音『帖』，并無『占』音。嗶，聲出貌，絶非誦讀意。〔七〕

【校箋】

〔一〕唫諷：諷誦。唫，同『吟』，《玉篇·口部》：『唫，亦古吟字。』

〔二〕此『觧』字，康熙五十八年刊本、《湖海樓叢書》本均如上作，《四庫全書》本作『觧』，是『解』的俗字，《宋元以來俗字譜》引《通俗小説》收録有『觧』字。

〔三〕呻：吟誦。

〔四〕佔：窺視，看。

〔五〕畢：本指田獵用的一種長柄網，又指古代寫字用的竹簡，《爾雅·釋器》：『簡謂之畢。』

〔六〕緼奥：此處指幽深難懂的地方。

〔七〕按，今傳本《禮記·學記》『今之教者呻其佔畢』下注云：『呻，吟也。佔，視也。簡謂之畢，訊猶問也。言今之師自不曉經之義，但吟誦其所視簡之文。』

滑稽

滑稽之滑，俗誤讀猾。《史·滑稽傳》注：『崔浩曰：「滑，音骨。滑稽，流酒器也。轉注吐酒，終日不已。言出口成章，詞不窮竭，若滑稽之吐酒。」』[一] 又《漢書·陳遵傳》：『揚雄《酒箴》：「鴟夷滑稽，腹大如壺。」』[二] 師古曰：『滑稽，圜轉縱捨[三] 無窮之狀。』二字見處甚多。

【校箋】

〔一〕語出《史記·滑稽列傳》。

〔二〕語出《漢書·游俠傳》：『先是，黄門郎揚雄作《酒箴》，以諷諫成帝……「鴟夷滑稽，腹如大壺。」』

〔三〕按，此『捨』字，康熙五十八年刊本、《湖海樓叢書》本如此作，《昭代叢書》本、《四庫全書》本作『舍』。

含毫邈然

邈，音漠。陸士衡《文賦》：『或操觚以率爾，或含毫而邈然。』[一] 率爾謂文之易成也，邈然謂思之杳無所得也。一易一難，與上文所云『或妥帖而易施』『或岨峿[二] 而難安』一例，不作文思深遠解，亦不音渺。下文『函綿邈於尺素』〔三〕，是言文思深遠。

【校箋】

〔一〕語出陸機《文賦》。陸機，字士衡，西晉著名文學家、書法家。

〔二〕岨峿：本指山交錯不平的樣子，引申指抵觸、不合。

〔三〕語出陸機《文賦》。

培塿

培，音剖。塿，樓上聲。〔一〕《説文》：『培塿，小土山也。』〔二〕揚雄《方言》：『冢俗混作冡，非。冡即蒙字〔三〕。，秦晋間謂之培塿。』〔四〕杜詩：『太守去聲頃者領山南，邦人思之比父母音牡。王生早曾拜顔色，高山之外皆培塿。』〔五〕白樂天《青冢〔六〕詩》：『上有飢雁號，下有飛蓬走。茫茫邊雪裏，一掬沙培塿。』亦作『部婁』。《左·襄二十四年》：『太叔曰：「部婁無松柏。」』陸德明曰：『部，蒲口反。婁，路口反。』二字人每誤讀平聲。

【校箋】

〔一〕培塿：本作『部婁』。

〔二〕按，今傳本《説文》并無此解釋。《説文·土部》：『培，培敦，土田山川也。』又《説文·土部》：『塿，壂土也。』

〔三〕按，『冡』之本義爲覆蓋、遮蓋，《説文·冃部》：『冡，覆也。』後由『蒙』字取而代之。因『冡』『冢』形體較爲相近，故而二者俗誤寫。

〔四〕按，宋刊本《方言》云：『冢，秦晋之間謂之墳，或謂之培。』

〔五〕語出杜甫《可嘆》。

〔六〕按，此『冢』字，康熙五十八年刊本、《昭代叢書》本、《湖海樓叢書》本均如上作，《四庫全書》本作『冡』。核之文義，作『冢』是也，『冡』乃『冢』之訛寫。

傴僂

傴僂，音禹旅。〔一〕《左·昭七年》：『正考父佐戴、武、宣，三命兹益共。故其鼎銘云：「一命而僂，再命而傴，三命而俯。」』韵本相協，俗誤讀『歐樓』。昌黎《元和聖德詩》：『婉婉（音苑）弱子，赤立傴僂。牽頭曳足，先斷腰膂。』皮日休詩：『九十携鋤傴僂翁，小園幽事盡能通。』〔二〕

【校箋】

〔一〕傴僂：指彎腰駝背。

〔二〕語出皮日休《魯望以花翁之什見招因次韵酬之》。

白頭如新

今人以『白頭如新』作久而敬之、情好不替解，非。《漢・鄒陽傳》：『語曰：「有白頭如新，傾蓋如故。」何則？知與不知也。』〔一〕謂不相知者，雖頭白如新識；相知者，雖傾蓋間如舊識也。故孟康注曰：『初相識，至白頭不相知。』

【校箋】

〔一〕語出《漢書・賈鄒枚路傳》。

口占

口占，去聲。借音戰。〔一〕《漢・陳遵傳》：『治私書謝京師故人，遵馮几音紀，口占書吏。』〔二〕注謂：『占，隱度也。口隱其詞以授吏也。』又《朱博傳》：『口占檄文。』〔三〕師古并音之贍反。詩題用此，乃不起草之義，不作平聲讀。唐王劇音極『當五王出閤，劇召五吏分占，其詞粲然』，〔四〕東漢虞延『占拜可觀』。〔五〕分占，分其口占而書之也。占拜可觀，拜起致詞有儀度也。陰氏以分占、占拜收入平聲，誤也。

【校箋】

〔一〕口占：口授其辭；或又指作詩文不起草稿，隨口而成。

〔二〕語出《漢書・游俠傳》。

〔三〕語出《漢書・薛宣朱博傳》。

〔四〕語出《舊唐書・文苑傳上・王勃》：『勮，弱冠進士登第，纍除太子典膳丞。長壽中，擢爲鳳閣舍人。時壽春王成器、衡陽王成義等五王初出閤，同日授册。有司撰儀注，忘載册文。及百僚在列，方知闕禮，宰相相顧失色。勮立召書吏五人，各令執筆，口占分寫，一時俱畢，詞理典贍，人皆嘆服。』上胡氏引文『王劇』之『劇』，清刻本《舊唐書》作『勮』，二者爲异體字關係。

〔五〕語出《後漢書·虞延傳》。

口號

詩題用口號字，近見注杜詩者，於《紫宸殿退朝口號》等題，輒作平聲。謂隨口號吟也，説似近理。然李義山詩：『柏臺成口號，雲閣暫肩隨。』〔一〕昌黎詩：『五言出漢時，蘇李首更號。東都漸瀰漫，派别百川導。』〔二〕號乃名稱之義，非號吟也。又王摩詰《凝碧池》詩題云：『私成口號，誦示裴迪。』若作平聲，於解不通。

【校箋】

〔一〕語出李商隱《詠懷寄秘閣舊僚二十六韵》。

〔二〕語出韓愈《薦士》。

度曲

度曲之度，有去、入二聲。《漢書·元帝贊》：『鼓琴瑟，吹洞簫，自度曲，被歌聲。』[一] 如淳曰：『自隱度作新曲，因持新曲以爲歌詩聲也。』師古曰：『度音大各反。』案，此與《古文苑》[二] 宋玉《笛賦》『度曲羊腸』并音鐸。張平子[三]《西京賦》：『度曲未終。』杜去聲，乃度次之度，謂曲終更授其次也。二者音義迥别。臣瓚[四] 引《西京賦》以證《漢書》，《西京注》亦引元帝『自度曲』爲證，皆非也。今人但知爲『度次』之義，而不復(去聲)知有『隱度』之説。

【校箋】

〔一〕按，語出《漢書·元帝紀》。

〔二〕《古文苑》：古詩文總集，編者不詳，所録詩文均爲史傳與《文選》所不載者。

〔三〕張平子：張衡，東漢科學家、文學家。

〔四〕臣瓚：西晉學者，姓氏及籍貫不詳。他在彙集前人研究成果的基礎上，撰成《漢書集解音義》，共計二十四卷，爲後人研究和閱讀《漢書》提供了較大的便利，惜此書已亡佚。

兆眹

眹〔一〕，从目。《廣韵》注云：『目童子也。』又吉凶形兆謂之兆眹。今作『朕』，且倒拈曰『朕兆』，沿誤已久，無由革也。《野客叢書》〔二〕論漢再受命之兆云：『漢再受命，已兆眹於景帝生長沙定王發之際矣。』又云：『生長沙定王之時，已萌芽漢再受命之象。又非所以爲兆眹也，兆眹之時，其見於程姬所避〔三〕之際乎？』古人用字，無或誤者。

【校箋】

〔一〕眹：眼珠、瞳仁。《説文新附·目部》：『眹，目精也。』

〔二〕《野客叢書》：南宋王楙著，該書内容廣博，經史子集，無不涉及，以考辨典籍、雜記宋朝及歷代逸事爲主。

〔三〕程姬所避：《史記·五宗世家》載：『長沙定王發，發之母唐姬，故程姬侍者。景帝召程姬，程姬有所辟，不願進。』《索隱》注引《釋名》云：『天子諸侯群妾以次進御，有月事者止不御，更不口説，故以丹注面目的的爲識，令女史見之。』因之，後世諱稱女性月經來潮爲『程姬之疾』。

蔕芥

今謂人之事過不留，胸無凝滯者曰無芥蔕。予案，出處乃是蔕芥，非芥蔕。蔕，釵去聲，音蠆。與音戴、音帝作瓜底解不同。《漢・賈誼傳》：『細故蔕芥，何足以疑？』〔一〕師古曰：『蔕芥，小鯁（亦作梗）也。蔕音丑芥反。』相如《子虛賦》：『吞若雲夢者八九，其於胸中曾不蔕芥。』注：『刺鯁也。』《史記・賈誼傳》作『細故慸葪〔二〕』。韋昭曰：『慸音士介反。』《索（音色）隱》曰：『葪音介。』觀此則蔕之讀蠆昭然也，故郭向《莊子注》直作『蠆芥』。又張衡《西京賦》：『睚眦蠆芥。』東坡詩：『坐看青丘吞澤芥，自慚黃潦薦溪蘋。』〔三〕又：『青丘已吞雲夢芥。』〔四〕《藝苑雌黃》謂出處是『曾不蔕芥』，非草芥之芥，譏坡錯拈。

【校箋】

〔一〕語出《漢書・賈誼傳》。

〔二〕 蔕葪：細小的梗塞物，比喻嫌隙。

〔三〕 語出蘇軾《次韵滕元發寄詩》。『澤芥』，胡氏引文作『夢芥』。誤，據蘇詩改。

〔四〕 語出蘇軾《復次放魚韵答趙承議陳教授》。

耑

耑，古端字。《考工記·磬氏》：『已下則摩其耑。』《漢·藝文志》：『感物造耑〔一〕，材知深美。』俗誤作『專』字用。〔二〕案，子史『專』字多作『顓』，豈以『耑』爲『顓』之省文，〔三〕故沿誤不覺耶！

【校箋】

〔一〕 造耑：猶『造端』，意爲開頭、發端。

〔二〕 『耑』又同『專』，王國維《釋觶觛巵䏁䑋》：『古書多以耑爲專。』如《農政全書·田制》：『業既耑精。』

〔三〕 文獻中『專』與『顓』爲通假字關係，意爲專擅。如《史記·陳涉世家》：『客愚無知，顓妄言。』胡氏所謂『「啚」爲「鄙」之省文』，非也。

圖

今之某啚，即古之某里，『啚』本作『圖』。《日知録》云：『宋時登科録，必書某縣某鄉某里人。《蕭山縣志》曰：「改鄉爲都，改里爲圖，自元始。」《嘉定縣志》曰：「圖，即里也。不曰里而曰圖者，以每里册籍，首列一圖，故名曰圖。」是矣。今俗省作「啚」。』〔一〕玉案，《廣韵》：『啚，嗇也。』與鄙同。

【校箋】

〔一〕以上引自顧炎武《日知録》卷二二『圖』條。

匪頒

匪頒〔一〕之匪音分，如字讀者，非。《周禮》：『廩人掌九穀之數，以待國之匪頒。』注：『匪讀爲分。分匪，謂委人之職，諸委去聲積也。』〔二〕又《太宰》：『八曰匪頒之式，九曰好用之式。』注：『匪，分也。頒，謂班賜也。王所分賜群臣也。好用，燕好所賜予。』〔三〕

【校箋】

〔一〕按，『匪頒』之『匪』通『分』，義爲分别、分賜。清朱駿聲《説文通訓定聲·履部》：『匪，假借爲分。』

〔二〕語出《周禮·稟人》。胡氏引文之『分匪』，傳本《周禮注疏》作『分頒』，餘同。

〔三〕語出《周禮·大宰》。

壹倡三嘆

《樂記》：『清廟之瑟，朱弦而疏越，壹〔一〕倡而三嘆，有遺音者矣。』〔二〕注：『練朱絲以爲弦，絲不練則聲清，練之則聲濁。疏，通也。越，瑟底孔也。疏而通之，使其聲遲緩。瑟聲濁而遲，是質素之聲，非要妙之音也。此聲初發，一倡之時，僅有三人從而和之，言和者少也。』〔三〕以其非極聲音之美，故好者少。然其中有不盡之餘音存焉，故曰有遺音者矣。朱子曰：『壹倡而三嘆，謂一人倡而三人和。』今解者以爲三嘆息，非也經子倡嘆、倡和之倡，多从人，不从口。。

【校箋】

〔一〕此『壹倡』之『壹』，《四庫全書》本作『一』。

〔二〕語出《禮記・樂記》。

〔三〕按，此段注釋語出李光地《古樂經傳》卷二《樂記》，胡氏在引録時有删改。

邁種

《書》：『皋陶邁種德，德乃降。』〔一〕邁，勇往力行之意。種，布也。言皋陶勇往力行，以布其德也。張衡賦：『咎繇邁而種德兮。』〔二〕今人稱跨竈之子〔三〕，輒曰邁種。呼種爲上聲，作超越種類解。别無證據，豈非誤歟？近時名流四六，亦踵此弊。《憺園賦》云：『傳家而望本駒王，邁種而人呼麟子。』注家引邁種德釋之，非也。跨竈意應曰邁迹，字見《周書・蔡仲之命》。傳云『叔違王命，仲無

所因』，故曰『邁迹自身』。〔四〕

【校箋】

〔一〕語出《尚書·大禹謨》。

〔二〕語出張衡《思玄賦》。

〔三〕語出《幼學瓊林》：『子光前曰充閭，子過父曰跨竈。』『跨竈』指兒子勝過父親，後來者居上。語見蘇長公《與陳季常書》：『二子皆有跨竈之興。』

〔四〕語出《尚書·周書·蔡仲之命》。又，『傳云「叔違王命，仲無所因」，故曰「邁迹自身」』數字，《昭代叢書》本缺。

芒種

芒種，知隴反，音腫，今人呼去聲，宜誤解其義而不覺耳。《周禮·稻人》：『澤草所生，種去聲之芒種。』注云：『芒種，稻麥也。』郭璞《江賦》：『播匪藝之芒種，挺自然之嘉蔬。』注云：『藝，樹也。

芒種，稻麥也。』〔一〕觀此二則，其義瞭然。又《嬾真子録》〔二〕云：『襄鄧之間，多隱君子。嘗記陜州夏縣士人樂舉明遠嘗云：「二十四氣，其名皆可解，獨小滿、芒種説者不一。」僕因問之，明遠曰：「皆爲麥也。小滿四月中，謂麥之氣至此方小滿而未熟也；芒種五月節，種讀如種類之種〔三〕，謂種之有芒者，麥也。至是當熟矣。」』〔四〕玉案，此解芒種義甚明，但顓〔五〕指麥言，非也。予謂芒種爲五月節，麥至是而熟可收，稻過是而不可藝。古人以此二字名節，所以告農候之早晚也。

邁種音衆，俗誤呼上聲。芒種音腫，俗誤呼去聲。二弊正相反，故連類録之。

【校箋】

〔一〕《文選》卷一二《江賦》『播匪藝之芒種，挺自然之嘉蔬』，李善注云：『孔安國《尚書傳》曰：「播，布也。」鄭玄《毛詩箋》曰：「藝，猶樹也。」鄭司農《周禮注》曰：「芒種，稻麥也。」』

〔二〕《嬾真子録》：又名《嬾真子》，宋代馬永卿著，作者在書中記録了自北宋以來的見聞和讀書所得，内容較爲繁雜，既有逸聞趣事，也有小説故事，此外書中還考證藝文、詮釋詩詞，時有發前人所未發之處。

〔三〕『種讀如種類之種』，《訂訛雜録》各本均誤，據《嬾真子》改。

〔四〕語出宋馬永卿《嬾真子》卷二『小滿芒種』條。

〔五〕按，此『顓』字，康熙五十八年刊本、《湖海樓叢書》本、《昭代叢書》本均如上作，《四庫全書》本作『專』。從文義來看，此處之『顓』取專擅、專一義。該義上正作『專』，『顓』乃其通假字。《篇海類編·身體類·頁部》：『顓，通作專。』別如《漢書·貨殖傳》：『其餘郡國富民兼業顓利，以貨賂自行，取重於鄉里者，不可勝數。』顏師古注：『顓，與專同。』

謏聞

《學記》：『發慮憲，求善良，足以謏聞，不足以動衆。』〔一〕謏聞〔二〕，音小問。謏，小也。發慮憲，謂致其思慮，以求合乎法則。求善良，親賢也。言此二者，可以小致聲譽，不能感動衆人。俗多誤讀。甚有誤用作『諛聞』〔三〕者。或以『謏聞動衆』四字連用，亦非本意。〔四〕

【校箋】

〔一〕語出《禮記·學記》。

〔二〕謏聞：小有聲名。謏，小。《玉篇·言部》：『謏，小也。』

〔三〕諛聞：順耳之説。蓋是『謏』『諛』二字形相近，故有誤『謏』爲『諛』者。

〔四〕《昭代叢書》本無『本意』二字。

弋人何篡

篡，弋取也。弋人何篡，語出《揚子法言》〔一〕。今本訛作『何慕』，人襲用之，非也。《後漢·逸民傳序》云：『揚雄曰：「鴻飛冥冥（音明），弋人何篡焉？」』注宋衷曰：『篡，取也。鴻高飛冥冥薄（音博）天，雖有弋人，何施巧而取也？』又《陳子昂碑》曰：『弋人何篡，鴻飛高雲。』韓昌黎《酬崔十六少府詩》云：『肯效屠門嚼，久嫌弋者篡。謀拙日焦拳，活計似鋤剗。』古無誤作『慕』者。梅村吴祭酒《白燕吟序》云：『吾友單猾菴，隱居其旁，鴻飛冥冥，爲弋者所篡。』乃知博雅君子，必不肯苟同於俗也。〔二〕又案，三山老人云：『《法言》「弋人何慕焉」，一本作「篡」，故退之詩云：「肯效屠門嚼，久嫌弋者篡。」』〔三〕玉謂此説大非，篡上聲字，與此詩去聲韵不協，韓集可考也。〔四〕

【校箋】

〔一〕《揚子法言》又稱《法言》，爲漢代揚雄模仿《論語》而作，取義於非先王之法言不敢道。

〔二〕吴偉業，號梅村，明亡入清，康熙時曾爲國子監祭酒，故而又稱作吴祭酒。

〔三〕宋胡仔《漁隱叢話前集》卷一七《韓吏部中》引《三山老人語録》云：『揚子雲《法言》：「鴻飛冥冥，弋人何慕焉？」一本「慕」作「篡」。退之詩：「肯效屠門嚼，久嫌弋者篡。」』

〔四〕按，此條中，胡氏考證了《揚子法言》中『弋人何篡』之『篡』訛誤作『慕』的情況，因二字形體較近，故在書寫中有訛誤之可能。胡氏所論可從。

落魄

落魄音託，又音薄。〔一〕《史〔二〕漢〔三〕·酈食其音歷異基傳》：『好讀書，家貧落魄。』應劭曰：『志行衰惡之貌。』師古曰：『失業無次也。』晋灼曰：『落魄、落託，義同。』唐高駢詩：『未出塵埃真落魄，不趨權勢正因循。』〔四〕此以落魄對因循。元遺山詩：『落魄宜多病，艱危更百憂。』〔五〕此以落魄對艱危。

宋處士楊朴〔六〕被召，其妻送詩曰：『更休落魄貪杯酒，亦莫猖狂愛咏詩。今日捉將官裏去，這回斷送老頭皮。』此以落魄對猖狂。歷觀數則，其義自明。若杜牧之『落魄江湖載酒行』一絶，尤爲豪放。乃知落魄爲放蕩失檢之意，非淪落不堪也。又《陳書》：『杜稜少落泊，不爲當世所知。』〔七〕《晋·佛圖澄傳》：『鈴聲曰胡子洛度。』〔八〕又大安童謡：『元超兄弟大落度。』〔九〕《世説》：『王耆之樂託，出自門風。』〔一〇〕其義相同。詩中落魄二字，見處甚〔一一〕多，并作雙叠字用。

【校箋】

〔一〕此『落魄音託，又音薄』，《昭代叢書》本作『魄音託，又音薄』。

〔二〕語出《史記·酈生陸賈列傳》：『好讀書，家貧落魄，無以爲衣食業。』

〔三〕語出《漢書·酈陸朱劉叔孫傳》：『好讀書，家貧落魄，無衣食業。』

〔四〕語出高駢《留别彰德軍從事范校書》。

〔五〕語出元好問《遺山集》卷七《五言律詩·落魄》。

〔六〕楊朴，北宋平民詩人，字契元，自號東里野民，著有《東里集》。

〔七〕語出《陳書·杜稜傳》：『杜稜字雄盛，吴郡錢塘人也。世爲縣大姓。稜頗涉書傳，少落泊，不爲當世所知。』

〔八〕《晋書·佛圖澄傳》：『石宣將殺石韜，宣先到寺與澄同坐，浮屠一鈴獨鳴，澄謂曰：「解鈴音乎？鈴云胡子洛度。」』

〔九〕《晋書·五行志中》：『又謡曰：「元超兄弟大落度，上桑打椹爲苟作。」』

〔一〇〕語出南朝宋劉義慶《世説新語》卷四《賞譽第八下》。

〔一一〕此小注部分，《昭代叢書》本缺。

拓落

《漢·揚雄傳》：『位不過侍郎，擢纔給事黄門。意者玄得毋尚白乎？何爲官之拓落也？』〔一〕注云：『拓落，不耦〔二〕也。』俗倒拈曰『落拓』，用爲放蕩失檢意，非。放蕩失檢應作『落魄』，如今人云『落魄不羈』是也。説詳前條。或作『樂託』亦可。《世説》：『謝中郎云：「王修載樂託之性，出自門風。」』〔三〕

【校箋】

〔一〕語出《漢書・揚雄傳》。

〔二〕『不耦』意爲不遇，遭遇不順。

〔三〕語出南朝宋劉義慶《世説新語》卷四《賞譽第八下》。

大較較然

大較，大略也。較音覺。《史・貨殖傳》：『此其大較也。』〔一〕又著明貌。《史・伯夷傳》：『此其尤大彰明較著者也。』〔二〕《漢・霍光傳》：『較然甚明。』〔三〕《後漢・張衡傳》：『情僞較然。』〔四〕與獵較音同，與計較音异。又案，《史記・律書》：『豈與世儒，暗於大較。』注《索隱》曰：『較音角。』〔五〕《左・襄二十一年》杜注：『較然正直。』陸氏曰：『較音角。』載籍音義甚明，俗不契勘〔六〕，混讀教音。〔七〕

【校箋】

〔一〕語出《史記·貨殖列傳》。

〔二〕語出《史記·伯夷列傳》。

〔三〕語出《漢書·匡張孔馬傳》。

〔四〕語出《後漢書·張衡列傳》。

〔五〕語出《史記·律書》。

〔六〕『契勘』意爲考核、考察。

〔七〕『載籍音義甚明，俗不契勘，混讀教音』數字，《昭代叢書》本作『俗混讀教』。

搶攘

搶攘，音撐能。《漢·賈誼傳》：『國制搶攘。』〔一〕晋灼曰：『搶攘，亂貌。搶音傖，攘音女庚反。』〔二〕《韵府》〔三〕以此二字入庚韵，不入養韵，有以也。俗如字讀，非。近時名流四六云：『笳吹郭外，驚蟻陣之縱橫；燧暗山中，駭狐鳴之搶攘。』〔四〕亦誤從俗音。〔五〕

【校箋】

〔一〕語出《漢書·賈誼傳》：『本末舛逆，首尾衡决，國制搶攘。』

〔二〕原本作：『晋灼曰：「搶音傖。吴人駡楚人曰傖。傖攘，亂貌也。」師古曰：「晋音是。傖音仕庚反。攘音女庚反。」』

〔三〕按，此處之『韵府』指《韵府群玉》，『攘』入庚韵，其下附有『搶』；檢《佩文韵府》，『搶攘』入養韵。

〔四〕語出清代陳維崧《陳迦陵文集》卷三之《徵毛太母黄太孺人八十壽言啓》。

〔五〕《昭代叢書》本無此五字。

索解人不得

《世説》：『阮裕〔一〕作《白馬論》以示謝安，於時謝不即解阮語，重相咨盡，阮乃嘆曰：「非但能言人不可得，正索音色解人亦不可得。」』〔二〕『索解人』三字本連，與『能言人』一例，謂求解其義也。

今用作求一能解之人不可得意，非。

【校箋】

〔一〕阮裕：字思曠，東晉尚書郎，阮籍的族弟。

〔二〕語出南朝宋劉義慶《世説新語》卷二《文學第四》。

卷二

野處而不暱

暱，寅入聲，音逸。字从日，日日相近也。與匿字音義迥別。《國語》：管子〔一〕曰：『野處而不暱，其秀民之能爲士者，必足賴也。』〔二〕本於暱字句絶，謂野處而不與庸衆相暱，此民之秀出而能爲士者。俗讀『暱』爲『匿』，以『野處而不暱其秀』七字爲句，誤爲誰野處而能不掩其秀，如英英露爽意，紕繆甚矣。急宜正之。《詩·甫田》注云：『俊士，秀民也。』下引管仲之言爲證〔三〕。

【校箋】

〔一〕按，此『管子』，《湖海樓叢書》本如此作，康熙五十八年刊本、《昭代叢書》本、《四庫全書》本作『筦子』。『筦』乃『管』之异體字。

〔二〕語出《國語·齊語》。

〔三〕《詩經·小雅·甫田》：『攸介攸止，烝我髦士。』毛傳：『烝，進。髦，俊也。治田得穀，俊士以進。』孔氏疏云：『《管子》云：「倉廩實，知禮節；衣食足，知榮辱。」明人成俊士，由田之得穀。故云「治田得穀，俊士以進」也。』

分野

《地理志》『某星分野（《漢書》作壄）。』〔一〕分，去聲。今人不知，誤讀平聲。《周禮·保章氏》：『以星土辨九州之地，所封封域，皆有分星，以觀妖祥。』分野者，分内之野。或繫之北斗，如『魁主雍（去聲）』；或繫之二十八宿（音肅），如『星紀主吴越』；或繫之五星，如『歲星主齊吴』之類。又有月建分野、十干分野、十二支分野。《左·僖三十年》杜注：『分野之星。』〔二〕《昭十八年》杜注：『大辰大火，宋分野。』《二十六年》杜注：『出之分野。』〔三〕陸德明并音扶問反。又《漢·地理志》有『皆趙分也』『皆燕分也』等語。又曰：『陳、鄭之國，與韓同星分焉。』《史·天官書》注，《索隱》曰：『謂月蝕，列星二十八宿，當其分地有憂。』〔四〕偶拈五六則，分非平聲，信矣。王維《終南山》詩：『分野中峰變，陰晴衆蝅殊。』以分野對陰晴。又李毅[五]詩：『照耀文星吴分野，留連風月晋名賢。』[六]古人無錯拈者。

【校箋】

〔一〕《漢書·地理志下》多見『分野』之説，如『燕地，尾、箕分壄也』『秦地，於天官東井、輿鬼之分壄也』『魯地，奎、婁之分壄也』『齊地，虚、危之分壄也』等。『壄』是『壄』之訛字，『壄』則是『野』的异體字。《説文·里部》：『壄，古文野。』

〔二〕按，此説語出《左傳·僖公三十一年》，胡氏誤作三十年。《左傳·僖公三十一年》：『猶三望。』杜注云：『三望，分野之星，國中山川，皆郊祀望而祭之。』

〔三〕語出《左傳·昭公二十六年》。

〔四〕《史記·天官書》：『列星，其宿地憂。』《索隱》云：『謂月蝕，列星二十八宿，當其分地有憂。憂謂兵及喪也。』

〔五〕此『李毅』，《訂訛雜録》各本均如此作，《全唐詩》作李毅。

〔六〕李毅《浙東罷府西歸酬别張廣文皮先輩陸秀才》：『照曜文星吴分野，留連花月晋名賢。』胡氏引文與此略异。

處分等語

《晋書》：謝安曰：『朝廷處分已定矣。』〔一〕杜詩：『明明領處分，處分聽平聲人主。』〔二〕劉夢得詩：『停杯處分不須吹。』〔三〕分字皆仄用。又《樂律》：『三分損益，隔八相生。』《禮記》『分無求多』『分夾而進』。《左傳》『君其取分焉』『分之采物』『四國皆有分』。《漢書》『分部逐捕』『古有分土，亡分民』之類，并音扶問反。流俗或不盡知，誤讀平聲。

【校箋】

〔一〕《晋書·桓冲列傳》：『朝廷處分已定，兵革無闕，西藩宜以爲防。』

〔二〕語出杜甫《催宗文樹鷄柵》。

〔三〕劉禹錫《遥和令狐相公坐中聞思帝鄉有感》：『滄海西頭舊丞相，停杯處分不須吹。』

玉樹

《世説》：『謝太傅問諸子侄：「子弟亦何預人事，而正欲使其佳？」……車騎答曰：「譬如芝蘭玉樹，欲使其生於階庭耳。」』[一] 初不解玉樹爲何物，後覽《野客叢書》，乃知是槐，不覺一快。其言曰：『揚子雲《甘泉賦》「玉樹青葱」，顔師古注：「玉樹，武帝所作，集衆寶爲之。」向[二]注《文選》亦謂：「武帝植玉樹於此宫，以碧玉爲葉。」僕案，《三輔黄圖》云：「甘泉宫北有槐樹，今謂玉樹。根幹盤峙，三二百年木也。」[三] 楊震《關輔古語記》曰：「耆老相傳，咸以謂此樹，即揚雄《甘泉賦》「玉樹青葱」者也。」又觀《隋唐嘉話》《國史纂异》《長安記》《聞見録》雜書，皆言「漢宫以槐爲玉樹」，因知晋人所謂「芝蘭玉樹」者，蓋指此物也。又考《漢武故事》，「上起甲帳、乙帳，前庭種玉樹，珊瑚爲枝，碧玉爲葉」。自在神宫中，祇非甘泉宫事。知師古與向之注爲甚謬，而左思之見未審也。』[四]

【校箋】

〔一〕語出《世説新語·言語第二》。

〔二〕向：指呂向，字子回，唐代著名的學者、書法家，嘗以李善注《文選》爲繁複，與呂延濟、劉良、張銑、李周翰等新爲詁解，時號『五臣注』。

〔三〕見《三輔黄圖》卷二《宫》。

〔四〕見《野客叢書》卷五『玉樹青葱』條。

吃

吃，音吉，與喫音義迴别。《漢·周昌傳》：『昌爲人吃。』〔一〕師古曰：『吃，言之難也。』魯恭王餘、韓非、揚雄、司馬相如、鄧艾諸人，皆有此病。俗混作喫字用，非。

【校箋】

〔一〕語出《漢書·周昌傳》。

大觀壯觀等語

大觀，音貫。《易·觀卦》：『大觀在上。』《本義》云：『觀者，有以中正示人，而爲人所仰也。』[一]予謂凡[二]視之，平聲；有以示人，使之來觀，去聲。如《左傳》『觀兵於周疆[三]』、《國語》『耀德不觀兵』[四]、《漢書》『觀之珍寶』[五]之類。又奇觀、壯觀、舊觀，并應去聲。杜詩：『先朝常宴會，壯觀已塵埃。』[六]此一徵也。宋王景文詩云：『直翁自了平生事，不了山陰陸務觀。』放翁[七]見之笑曰：『我字務觀，乃去聲，如何把做平聲押了。』此雖戲語，亦可爲用字不詳出處者戒。直翁謂時相史浩。[八]

【校箋】

〔一〕語出朱熹《周易本義》卷一《周易上經》。

〔二〕按，此『凡視之』之『凡』，《昭代叢書》本、《湖海樓叢書》本如上作，康熙五十八年刊本、《四庫全書》本作『凢』。『凢』乃『凡』的俗寫體，《字彙·几部》：『凡，俗作凢。』今從通行體。

〔三〕按，『周疆』字，康熙五十八年刊本、《昭代叢書》本、《湖海樓叢書》本如上作，《四庫全書》本作『周禮』，此『禮』是『疆』書誤所致。又按，此説語出《左傳·宣公三年》。

〔四〕語出《國語·周語上》。

〔五〕清刻本《漢書·宣帝紀》：『置酒建章宫，饗賜單于，觀以珍寶。』顔師古注云：『觀，示也。』胡氏引文作『觀之珍寶』，略异。

〔六〕杜甫《千秋節有感二首（八月二日爲明皇千秋節）》。

〔七〕放翁：陸游，字務觀，號放翁，南宋文學家、史學家、詩人。

〔八〕史浩：字直翁，號真隱，南宋政治家、詞人。

中興

中興之中，讀衆。毛公《烝民》詩序云：『任賢使能，周室中興。』杜元凱《左傳序》云：『祈天永命，紹開中興。』陸德明并音丁仲反。杜詩：『今朝漢社稷，新數中興年。』〔一〕又：『萬里傷心嚴譴日，百年垂死中興時。』〔二〕李義山詩：『路有論平聲冤謫，言皆在中興。』〔三〕東坡詩：『威聲又數中興年，二虜行當一矢聯。』〔四〕皆本陸音。王觀國《學林新編》云：『中有鍾、衆二音。音鍾者，當二者之中，首尾均也。音衆者，首尾不必均，但在二者之間耳……此中興之中，所以音衆。又如「中年」「中葉」「中天」「中塗」「中詘」之類，并當從衆音。』〔五〕楊仲弘詩：『一代人才頗中衰。』〔六〕此其徵也。予又案，《漢·婁敬傳》：『乃營成周都雒，以爲此天下中。』師古音竹仲反。知「中年」「中塗」類，必應讀衆也。

【校箋】

〔一〕杜甫《喜達行在所三首》。

〔二〕杜甫《送鄭十八虔貶台州司户，傷其臨老陷賊之故，闕爲面别，情見於詩》。

〔三〕李商隱《哭劉司户蕡》。

〔四〕胡氏所引『二虜』字，《訂訛雜録》各版本差异較大，《湖海樓叢書》本如上作，康熙五十八年刊本作『二鹵』，《昭代叢書》本缺『二虜行當一矢聯』數字，《四庫全書》本作『二敵』。《四部叢刊》本蘇軾《次韵王雄州送侍其涇州》作『二虜』，綜合觀之，作『二虜』是也。

〔五〕語出王觀國《學林》卷二《中興》，胡氏引文與《學林》原文略异。

〔六〕楊仲弘《題謝疊山遺墨》。

逢掖

《記·儒行》：『丘少居魯，衣逢掖之衣。』鄭氏曰：『逢，猶大也。大掖之衣。』疏曰：『謂肘腋之所寬大，故鄭云「大袂襌衣也」。』〔一〕後世用作『縫掖』，非。柳子厚《上大理崔大卿啓》：『徒爾拖逢掖，曳大帶。』又《答貢士元公瑾書》：『逢掖之列，亦以加慕。』注皆引《禮記》鄭氏之説釋之，良是。

【校箋】

〔一〕胡氏引文與孔穎達疏《禮記》略异。

薄暮

薄暮之薄，音博。迫〔一〕也，侵也。他如『薄人於險外』『薄四海』之類，俱與『厚薄』音義不同。

【校箋】

〔一〕按，此『廹』字，《昭代叢書》本、《湖海樓叢書》本如此作，康熙五十八年刊本、《四庫全書》本作『廹』。『廹』乃『迫』的書寫變體。

尚書

劉熙《釋名》曰：『尚書者，何也？尚，上也。言最在上，總領之也。』《尚書》孔穎達正義曰：『尚者，上也。言此上代以來之書，故曰《尚書》。』是官名與書名，并應去聲。杜子美《題瀼囊上聲西新賃草屋》詩：『欲陳濟世策，已老尚書郎。』元自仄用予見辨證書莫不以尚書謂應讀上，而不引此詩爲證，何也？。孔平仲《珩璜新論》云：『尚書與尚食、尚公主同，而世俗相承以平聲呼，誤矣。』《夢溪筆談》云：『官名中，尚書本秦官。尚音上，謂之尚書者，秦人音也，至今秦人謂尚爲常。』《宛借音遠委餘編》曰：『尚書之尚，不知後世何以作平聲。』元美蓋未見存中之説耳。《輟耕録》〔二〕：『秦時少府，遣吏在殿，主發書，故謂尚書。尚，主也。如尚衣、尚食，并時亮反。』

【校箋】

〔一〕此「《輟耕録》」之「耕」字，《昭代叢書》本、《湖海樓叢書》本如此作，康熙五十八年刊本、《四庫全書》本作「畊」。「畊」乃「耕」之古文，《玉篇·田部》：「畊，古文耕字。」

以是藐諸孤

《左·僖九年》晋獻公謂荀息曰：「以是藐諸孤，辱在大夫。其若之何？」杜注：「言其幼賤，與諸子縣殊。」〔一〕幼賤貼是字，指奚齊。諸子貼諸孤，謂群公子。縣殊解藐字，言此幼賤之奚齊，縣絶於諸子之貴長。義本如是。若以藐爲眇小意，則孤字應指奚齊，諸字將作何解？天下有是句法乎？今人裂取「藐諸孤」三字，作孤子眇小用。沿襲已久，不覺其非。藐，陸德明音妙小反，又亡角反。

【校箋】

〔一〕「縣殊」二字，世界書局本《春秋左傳正義》作「縣藐」。

去之夫

《左·宣二年》：『華元曰：「去之夫，其口衆我寡。」』夫，如字讀。『去之夫』三字爲句。林唐翁〔一〕注云：『言此役夫。』今以『去之』二字爲句絶，夫讀扶，誤連下句。案，《左傳》『夫』應讀『扶』，陸氏必音，此獨無之，故知林説爲不易。

【校箋】

〔一〕林唐翁：林堯叟，著有《春秋經左氏傳句解》。

一臠

臠，連上聲。塊切肉。一臠、禁臠字，出《晋書·謝混傳》。俗讀爲鸞，非也。杜詩：『禁臠去東床，趨庭赴北堂。』〔一〕義山詩：『南朝禁臠無人近，瘦盡瓊枝咏四愁。』〔二〕東坡《老饕賦》：『嘗項上之一臠，嚼霜前之兩螯音翱。』放翁詩：『秋日留連野老家，朱盤鮓臠粲如花。』〔三〕無作平聲用者。若音鸞，是病瘠貌。《説文》引《詩》「棘人欒欒」，作「臠臠」。近時字書謂禁臠、一臠宜讀鸞，彼蓋未見杜、李諸公之詩耳。

【校箋】

〔一〕語出杜甫《送大理封主簿五郎，親事不合，却赴通州。主簿前閬州賢子，余與主簿平章鄭氏女子，垂欲納采，鄭氏伯父京書至，女子已許他族，親事遂停》。

〔二〕語出李商隱《韓同年新居餞韓西迎家室戲贈》。

〔三〕語出陸游《秋日郊居》。

苐第之辨

苐，音題。《廣韻》作「苐」，注云：「草也。」《莊子》：「道在苐今本作稊〔一〕稗〔二〕。」俗讀第，作但字解，非。但義當作第，如《漢書》「第令無斬」「第出僞游雲夢」「第俱如臨邛」「第言之」「汝第往」之類〔三〕，亦作「弟」。從無作「苐」者，今人亦漸能辨之。

【校箋】

〔一〕按，『今本作稊』之『稊』，康熙五十八年刊本、《昭代叢書》本、《湖海樓叢書》本均如上作，《四庫全書》本作『梯』。檢《四部叢刊》本《南華真經·知北游》，亦作『稊稗』。

〔二〕按，此『稗』字，《昭代叢書》本、《湖海樓叢書》本如上作，康熙五十八年刊本、《四庫全書》本作『稗』。『稗』乃『稗』的俗體。

〔三〕胡氏以上所舉數例，清刻本《漢書》分别作『但令無斬』『弟出僞游雲夢』『弟俱如臨邛』『弟言之』『汝弟往』。

爲勸學死

《世説》：『蔡司徒渡江，見彭蜞，大喜曰：「蟹有八足，加以二螯。」令（平聲）烹之。既食，吐下〔一〕委頓〔二〕，方知非蟹。後向謝仁祖説此事，謝曰：「卿讀《爾雅》不熟，幾爲《勸學》死。」』〔三〕劉孝標注：『《大戴禮·勸學篇》曰：「蟹二螯八足，非蛇蟺之穴無所寄托者，用心躁也。」故蔡邕作《勸學章》取義焉。《爾雅》曰：「蝟蠌音滑澤小者螃。」即彭蜞也，似蟹而小。今彭蜞小於蟹，而大於彭蝟，即《爾雅》所謂蝟蠌也。然此三物，皆八足二螯，而狀甚相類。蔡謨不精其小大，食而致弊，故謂讀《爾雅》不熟也。」玉案，《荀子》亦有《勸學篇》，作「六跪二螯」，與《大戴禮》少异。謝蓋謂蔡不精《爾雅》，而徒信《勸學篇》「二螯八足」之言，幾爲其所誤而致死也。「幾爲勸學死」，坊本類書作「勤學」，《韵府》亦然。〔四〕世俗仍訛用之，非也。《野客叢書》最稱博洽，亦曰：「蔡謨讀《爾雅》不精，誤食蟛蜞，取後世譏，爲勤學者之誚。」乃知此誤其來尚矣。

【校箋】

〔一〕吐下：嘔吐下泄。

〔二〕委頓：疲乏，憔悴。

〔三〕語出《世説新語·紕漏第三十四》。

〔四〕宋陰時夫《韵府群玉》卷一〇《上聲·九蟹》：「卿讀《爾雅》不熟，幾爲勤學誤死。」

仰字去聲用

仰，一讀去聲。仗也，資也。與『俯仰』音義不同。《史·平準書》：『衣食皆仰給縣官』『封君皆低首仰給既云低首，仰非上聲，益信也』。《漢·匈奴傳》：『以衣食异，無仰於漢。』〔一〕《公孫弘傳》：『故人賓客，皆仰衣食。』〔二〕亦作卬〔三〕。如《東方朔傳》『萬民所卬足也』，《鄭當時傳》『卬奉賜給諸公』，《王莽傳》：『物物卬市，日闋亡儲』之類，師古并音牛向反。又杜詩：『家貧仰母慈。』〔四〕韓詩：『舉族仰薄宦。』〔五〕今上官文移〔六〕，必曰『仰某官準俗作准此』。若作上聲，於義不通。孔平仲《雜説》云：『今公家文字用仰字，出《北史·北齊孝昭紀》，「詔定三恪康入聲，禮儀體式，亦仰議之」。』〔七〕賈昌朝《字音清濁辨》：『上聲，下瞻上也。去聲，上委下也。』〔八〕

【校箋】

〔一〕清刻本《漢書·匈奴傳上》：『匈奴人衆不能當漢之一郡，然所以强之者，以衣食异，無卬於漢。』

〔二〕清刻本《漢書·公孫弘卜式兒寬傳》：『故人賓客仰衣食。』

〔三〕卬：仰慕、仰仗，後作『仰』。

〔四〕杜甫《遣興》：『世亂憐渠小，家貧仰母慈。』

〔五〕韓愈《崔十六少府攝伊陽，以詩及書見投，因酬三十韵》：『不知孤遺多，舉族仰薄宦。』

〔六〕文移：文書，公文。

〔七〕《北史·齊本紀中》：『詔曰：「昔武王克殷，先封往代，兩漢魏晋，無廢兹典。及元氏統歷，不率舊章；朕纂承大業，思弘古典。但二王三恪，舊説不同，可議定是非，列名條奏。其禮儀體式，亦仰議之。」』

〔八〕賈昌朝：字子明，北宋文學家、訓詁學家、書法家。現存其著作有《群經音辨》《通紀時令》等書。

蒼黄

人謂『悤〔一〕遽失措』曰『倉皇』。若作『蒼黄』，必嗤爲别字。然古人集中，如少陵《新婚别》詩『誓欲隨君去，形勢反蒼黄』，《入衡州詩》『無論再繾綣，已是安蒼黄』〔二〕，昌黎《祭女挐文》

『值音穉吾南逐，蒼黄分散』，柳河東《韋道安》詩『蒼黄見驅逐，誰識死與生』，又《答韋中立書》『數州之犬，皆蒼黄吠噬』之類，無作『倉皇』者。至宋人始作『倉皇』，如歐陽公《五代史·伶官傳序》云『倉皇東出』之類。《北山移文》『始終參差，蒼黄反覆。』〔三〕以『蒼黄』對『始終』，是另爲一義，不指『悤遽』言。近見《杜詩注》，於《新婚别》引此爲證，非也。

【校箋】

〔一〕悤：急劇、急速，也作『怱』。《正字通·心部》：『悤，隸作怱。』

〔二〕亦爲杜甫之作。

〔三〕語出孔稚珪《北山移文》。

不壹而足

不壹而足，語出《公羊·襄公二十九年傳》又見《文公九年》。言不以一事之美，而遽足之，見待之嚴也。故下文有『季子者所賢也，曷爲不足乎季子』等語，今人用作事非一次意。開口即是，不覺其非。

卑之毋甚高論

《史・張釋之傳》：『釋之既朝畢，因前言便宜事。文帝曰：「卑之，毋甚高論，令今可施行也。」』[一] 於是釋之言秦漢之間，秦所以失，而漢所以興者。久之，文帝稱善，乃拜釋之爲謁者僕射音夜。『卑之，毋甚高論』，謂少貶其辭，毋爲甚高之論。俗改『毋』爲『無』，將『卑之』二字連下讀，用作『議論不足采』意，非。予訂此條後，閲王勉夫《野客叢書》曰：『今人以「卑之無甚高論」，却所説之卑者，甚失當時之意。蓋文帝懼釋之陳五帝三王上古久遠之事，無益於時，故令陳今可行之説，釋之遂言秦漢之事。文帝所以稱善，則「卑之」「無甚高論」，自是兩句。今人作一句讀之，所以失當時之意也。』[二] 此説先得我心，但亦改『毋』爲『無』，雖『毋』『無』字古通用，然《史》《漢》[三] 元文并作『毋』，是禁止之辭，不得輒易也。繼更見《容齋四筆》[四] 亦言之，録在第八卷。乃知字句之訛，古今所同也。

【校箋】

〔一〕《史記・張釋之馮唐列傳》司馬貞《索隱》案云：『卑，下也。欲令且卑下其志，無甚高談論，但令依時事，無説古遠也。』

〔二〕按，以上出自《野客叢書》卷二『卑之無甚高論』條。

〔三〕《漢書·張馮汲鄭傳》：『文帝曰：「卑之，毋甚高論。」』

〔四〕《容齋四筆》：古代文言筆記小説，宋洪邁著。洪氏著有《容齋隨筆》，共五筆，分別是《容齋隨筆》《容齋續筆》《容齋三筆》《容齋四筆》《容齋五筆》，它們是洪氏多年博覽群書的智慧結晶。

睅

睅〔一〕，户板切，音近緩。《廣韵》注云：『日出皃。』《左傳》：『睅其目，皤其腹。』〔二〕韓文：『鰐魚睅然不安溪潭。』〔三〕世俗古文選本或作『悍然』〔四〕，又或音『悍』，皆誤也。

【校箋】

〔一〕睅：眼睛鼓出的樣子。

〔二〕語出《左傳·宣公二年》。皤：大腹貌。

〔三〕韓愈《祭鰐魚文》：『刺史受天子命，守此土，治此民，而鰐魚睅然不安溪潭，據處食民畜熊豕鹿獐以肥其身，以種其子孫，與刺史亢拒争爲長雄。』

〔四〕悍然：蠻横、凶暴的樣子。

何居誰居

何居，音基，語助也。《記·檀弓》：『何居乎？吾未之前聞。』《莊子·齊物論》：『何居乎？形固可使如槁木，心固可使如死灰乎？』『誰居』猶言『誰歟』，《左·襄二十三年》：『國有人焉，誰居？其孟椒乎？』陸德明曰：『「居」音「基」。』《詩》：『日居月諸。』〔一〕『居』『諸』亦語助字，合從『基』音，人不之知也。惟《記·郊特牲》：『二日伐鼓，何居？』〔二〕當如字讀。

【校箋】

〔一〕《詩經·邶風·日月》：『日居月諸，下土是冒。』同篇：『日居月諸，出自東方。』『日居月諸，照臨下土。』又《詩經·邶風·柏舟》：『日居月諸，胡迭而微。』

〔二〕《禮記·郊特牲》：『孔子曰：「三日齊，一日用之，猶恐不敬。二日伐鼓，何居？」』鄭玄注云：『居，讀爲姬，語之助也。何居？怪之也。』

斤斤

斤斤，音僅。《詩》：『斤斤其明。』[一]《毛傳》：『明，察也。』又重慎也。《後漢・吴漢傳》：『斤斤謹質，形於體貌。』[二]二字人所習用，而昧於出處，不知應讀去聲也。

【校箋】

〔一〕《詩經・周頌・執競》：『自彼成康，奄有四方，斤斤其明。』

〔二〕《後漢書・吴漢傳》：『及在朝廷，斤斤謹質，形於體貌。』李賢注云：『《爾雅》曰：「明明、斤斤，察也。」李巡曰：「斤斤，精詳之察也。」孫炎曰：「重慎之察也。」斤音靳。』

丈人行等語

輩行，杭去聲，與『行行如也』音同。蘇東坡《哭任遵聖》詩：『老任况奇逸，先子推輩行。』文章得少譽，詩語尤清壯。』〔一〕《漢·蘇武傳》：『漢天子我丈人行。』師古曰：『行，音胡浪反。』杜詩：『王孫丈人行，垂老見飄零。』注家謂『行』叶音『巷』，《漢書》〔二〕既明翻胡浪，安得謂叶？又云：『豈如（一作知）吾甥不流宕，丞相中郎丈人行。』〔三〕小杜詩：『再拜宜同丈人行，過庭交分有無同。』〔四〕皆仄用。近時一名流《梅花與桃李并開》詩云：『李桃不言惟解笑，都忘渠是丈人行。』押入陽韵，誤也。又《史·孝武紀》：『老人爲兒時，從其大父行，識其處。』《漢·鄭當時傳》：『自見年少官薄，然其知友皆大父行。』〔五〕《衛霍傳》：『斬單于大父行籍若侯産。』〔六〕

【校箋】

〔一〕《東坡全集·京師哭任遵聖》：『老任况奇逸，先子推輩行。文章小得譽，詩語尤清壯。』胡氏引文與此略异。

〔二〕語出杜甫《衡州送李大夫七丈勉赴廣州》。

〔三〕語出杜甫《李潮八分小篆歌》。

〔四〕語出杜牧《寄宣州鄭諫議》。杜牧，人稱『小杜』，以别於『大杜』杜甫。

〔五〕其下顔師古注云：『大父謂祖父。行，音胡浪反。』

〔六〕《史記·衛將軍驃騎列傳》司馬貞《索隱》云：『行，音胡浪反。』

仲父亞父

仲父，楊倞曰：『仲者，夷吾之字。父事之，故號爲仲父。』《漢·高紀》：『亞父范增。』如淳曰：『亞，次也。尊敬之次父，猶管仲爲仲父。』玉案，《史記》：『吕不韋爲相國，號稱「仲父」。』後秦王賜書曰：『君何親於秦，號稱「仲父」？』〔一〕以仲父爲親，則爲『父子』之『父』無疑也。又『尚父』亦應如字。鄭康成曰：『可尚可父也。』故《詩傳》於『古公亶父』〔二〕、『皇父卿士』〔三〕類音『甫』，『維師尚父』獨無音。

【校箋】

〔一〕《史記·吕不韋列傳》：『尊吕不韋爲相國，號稱「仲父」。』《正義》云：『仲，中也，次父也。蓋效齊桓公以管仲爲仲父。』

〔二〕《詩經·大雅·綿》：『古公亶父，來朝走馬。』

〔三〕《詩經·小雅·十月之交》：『皇父卿士，番維司徒。』

宂長

宂〔一〕長，音仗，義與剩〔二〕、賸同。陸士衡《文賦》：『雖區分之在兹，亦禁邪而制放。要辭達而理舉，故無取乎宂長？』謂文之宂雜餘長也。杜詩：『官聯辭宂長，行路徙欹危。』〔三〕昌黎詩：『自古澄不清，環混無歸向。炎風日搜攪，幽怪多宂長。』〔四〕香山詩：『通州海内淒惶地，司馬人間宂長官。』〔五〕自注：去聲。東坡謂范淳夫講書，無一宂字，無一長句。歷觀諸則，音義曉然。俗用此二字，誤爲『長短』之『長』。

【校箋】

〔一〕宂：多餘，過剩。俗作『冗』。

〔二〕按，此『剩』字，《昭代叢書》本、《湖海樓叢書》本如此作，康熙五十八年刊本、《四庫全書》本作『賸』。

〔三〕杜甫《贈崔十三評事公輔》：『官聯辭宂長，行路洗欹危。』

〔四〕語出韓愈《岳陽樓別竇司直》。

〔五〕白居易《得微之到官後書，備知通州之事，悵然有感，因成四章》：『通州海内恓惶地，司馬人間冗長官。』

射覆

射覆，音食福。《漢·東方朔傳》：『上嘗使諸數家射覆。』師古曰：『於覆器之下而置諸物，令暗射之，故云「射覆」。「覆」音方目反。』玉案，字書『射』字，凡泛言射，則去聲；以射其物而言，則入聲。『覆』字，覆蓋則去聲，反覆則入聲，故『射覆』二字并應入聲。今并誤從去聲。李義山詩：『隔座送鉤〔一〕春酒暖，分曹射覆蠟鐙紅。』〔二〕以『射覆』對『送鉤』，音義曉然。

【校箋】

〔一〕按，此『鉤』字，康熙五十八年刊本、《湖海樓叢書》本如此作，《昭代叢書》本、《四庫全書》本作『鈎』。『鈎』乃『鉤』的俗字，《龍龕手鑒·金部》：『鈎』，『鉤』的俗字。

〔二〕李商隱《無題》二首之一。

幅隕

《詩》：『幅隕既長。』〔一〕《毛傳》：『幅，廣也。隕，均也。』《朱傳》：『幅，猶言邊幅也。隕，讀作員，謂周也。』俗因『幅』从『巾』，『隕』亦誤从『巾』。案，字、韵書無『幀』〔二〕字，惟近時《古今韵略》作『幅幀』，引《商頌》證之，非也。

【校箋】

〔一〕《詩經·商頌·長發》：『幅隕既長，有娀方將。』

〔二〕幀：《集韵·仙韵》：『幀，均也。』

跅弛

漢武《求茂材异等詔》：『夫泛（音捧）駕之馬，跅弛（音始）之士，亦在御之而已。』〔一〕師古曰：『跅者，跅落

無檢局也；弛者，放廢不遵禮度也。』俗因『跅』从足，『弛』亦誤从『足』，字書無『跐』字。〔二〕

【校箋】

〔一〕語出《漢書·武帝紀》。

〔二〕按，《漢語大詞典·足部》『跐』下云：『同「弛」。』

無盡藏

無盡藏〔一〕，音臟，與『寶藏』之『藏』同。本佛家語，《赤壁賦》用之〔二〕。又《易》『慢藏誨盜』慢藏對治容，是死字，去聲無疑。《詩》『亶侯多藏』〔三〕，《記·月令》『謹蓋藏』之類，并音才浪反。毛晃曰：『凡物自隱，則平聲。物不自隱，而我隱之，與府藏之藏，則去聲。』〔四〕玉謂平聲是活字，藏之也；去聲是死字，目其所藏也。故『無盡藏』等，俱應仄用。偶檢《容齋隨筆》中《玉津園喜晴》一律，有『無盡藏』字，録之以信古人用字之精，不似今人鹵莽，誤拈平仄也。『五更猶自雨如麻，無限都人仰翠華。翻手作雲方悵望，舉頭見日共驚嗟。天公的有施生妙，帝力堪同造物誇。上苑春光無盡藏，可

須羯鼓更催花。』〔五〕

【校箋】

〔一〕無盡藏：指佛德廣大無邊，作用於萬物，無窮無盡。

〔二〕蘇軾《前赤壁賦》：『耳得之而爲聲，目遇之而成色。取之無禁，用之不竭，是造物者之無盡藏也。』

〔三〕《詩經·小雅·十月之交》：『擇三有事，亶侯多藏。』

〔四〕語出毛晃《增修互注禮部韵略》卷二《下平聲·十一唐》『藏』字條。

〔五〕語出洪邁《車駕幸玉津園晚歸進詩》。

薝蔔

薝音膽，薝蔔即梔子，又名林蘭。佛書：『如入薝蔔林中，聞薝蔔花香，不聞他香。』〔一〕故曾端伯呼爲『禪友』。〔二〕歷檢字、韵書，『薝』并作上聲，謂俗讀『簷』、讀『占』，爲非。然東坡《贈詩僧道通》詩：『香林乍喜聞薝蔔，古井惟慙斷轆轤。』〔三〕作平聲用，不知又何據。

【校箋】

〔一〕按，高麗僧人諦觀《天台四教儀》：『《維摩經》云：「薝蔔林中，不嗅餘香。」入此室者，唯聞諸佛功德之香。』

〔二〕按，此『禪友』，爲宋代詩人曾端伯以十種花名題名的『花中十友』之一。『十友』分别是：芳友（芝蘭）、清友（梅花）、奇友（臘梅）、殊友（瑞香花）、净友（蓮花）、禪友（梔子花）、佳友（菊花）、仙友（桂花）、名友（海棠花）、韵友（荼蘼花）。此條中的『薝蔔』，爲梵語 Campaka 的音譯，意譯爲鬱金花。也有説指梔子花，曾氏正取此義。

〔三〕按，此『慙』字，康熙五十八年刊本、《昭代叢書》本、《湖海樓叢書》本均如上作，《四庫全書》本作『慚』。二者爲异體字關係。

九京

《記·檀弓》：『是全要領，以從先大夫於九京也。』〔一〕陳氏《集説》音注云：『京，古原字。』鄭氏曰：『晉卿大夫之墓，地在九原。』據此，今人用作『九京』似誤前聞一宿儒曾言之。然案，方氏曰：『九京，即九原。指其冢[二]之高曰京，指其地之廣曰原。』則『九京』『九原』本通用，故黃山谷詩：『百不一試埋九京。』[三]元遺山詩：『仕才千石埋九京。』[四]皆押入庚韵。[五]

【校箋】

〔一〕世界書局本《禮記注疏·檀弓》：『是全要領，以從先大夫於九京也。』鄭注云：『京，蓋字之誤。當爲原。』

〔二〕按，此『冢』字，《昭代叢書》本如是作，康熙五十八年刊本、《湖海樓叢書》本、《四庫全書》本均作『家』。求之文義，作『冢』是也。

〔三〕黃庭堅《送范德孺知慶州》：『平生端有活國計，百不一試薶九京。』薶：埋葬。後作『埋』。

〔四〕元好問《付阿眈誦》：『乃翁雅望傾漢廷，仕才千石埋九京。』

〔五〕按，此條中的『京』字，康熙五十八年刊本作『京』。『京』乃『京』的俗字，《干禄字書·平聲》：『京、京，上通下正。』

踉蹡

昌黎《贈張籍》詩：『君來好呼出，踉蹡越門限。』踉蹡，行不正貌。踉，音亮。蹡，去聲。〔一〕二字與平聲義不同，俗以亂走爲『踉蹌』。讀『郎倉』，非。蹌，音鏘。趨蹌，行動貌。《詩》『濟濟蹌蹌』〔二〕，威儀舒揚也。《書》『鳥獸蹌蹌』〔三〕，舞貌。予謂行走急遽，應曰狼竄。《野客叢書》以物性喻人云『言其亂走，則曰狼竄』是也。後因聲訛，呼爲『郎倉』，亦未可知。

【校箋】

〔一〕踉蹡：跌跌撞撞、行走歪斜的樣子。

〔二〕《詩經・小雅・楚茨》：『濟濟蹌蹌，絜爾牛羊。』

〔三〕《尚書・益稷》：『笙鏞以間，鳥獸蹌蹌。』

古人字止一言

《容齋隨筆》舉『古人字止一言』者，如陳勝字『涉』，項籍字『羽』，彭越字『仲』，張歐、吳廣、枚乘〔一〕字『叔』，朱雲字『游』，爰盎（即袁字）字『絲』，張釋之字『季』，鄭當時字『莊』之類。玉案，古人字止一言者甚多。即如『四書』中管仲、曾晳類皆是，今人相習不覺耳。更有三言字，晉時張天錫字『公純嘏（音假）』是也。三言名亦往往〔二〕有之，楚令尹子文，姓鬭，名穀於菟。

【校箋】

〔一〕按，此『乘』字，康熙五十八年刊本、《昭代叢書》本、《湖海樓叢書》本如上作，《四庫全書》本作『乗』。『乗』乃『乘』的异體字。

〔二〕按，此『往往』二字，康熙五十八年刊本、《湖海樓叢書》本如此作，《昭代叢書》本缺，《四庫全書》本作『徃徃』。『徃』乃『往』的俗寫體，《正字通·彳部》：『往，俗作徃。』

卷三

鄭重

鄭重，有頻煩、殷勤二義，不作珍重、不敢輕忽解。《緗素雜記》〔一〕云：『《漢·王莽傳》：「然非皇天所以鄭重降符命之意。」注師古曰：「頻煩也。」《顔氏家訓》云：「我亦不能鄭重，聊舉近世切要，以啓寤汝耳。」此真得《漢書》之意。近沈存中《筆談》〔二〕言石曼卿事云：「他日試使人通鄭重，則閉門不納，亦無應門者。」即以鄭重爲殷勤，又不知何所據而言然，不爾，曾謂使人通頻煩可乎？』玉案，《廣韵》『鄭』字注云：『鄭重，殷勤也。』故《陶靖節集注》〔三〕叙慧遠白蓮社事云：『靖節與遠公雅素，寧〔四〕爲方外交，而不願齒社列。遠公遂作詩博酒，鄭重招致，竟不可詘。』《魏志》：『鄭重送汝好物。』〔五〕白樂天《謝庾順之送紫霞綺》詩云：『千里故人心鄭重。』皆作『殷勤』解。

朱子謂『少陵夔州以後詩，失之鄭重繁絮』，是亦頻煩意。

【校箋】

〔一〕《緗素雜記》：又名《靖康緗素雜記》，宋人黄朝英著，是宋人筆記中的重要著作，也是研究宋代考據學發展嬗變的第一手資料。又按，以下引文出自《緗素雜記》卷二『鄭重』條。

〔二〕指北宋沈括的《夢溪筆談》。沈括，字存中，號夢溪丈人，北宋政治家、科學家。

〔三〕陶靖節：陶淵明，字元亮，又名潛，私謚靖節，世稱靖節先生，東晋末的大詩人、辭賦家。

〔四〕按，此『寗』字，康熙五十八年刊本、《湖海樓叢書》本、《四庫全書》本均如此作，《昭代叢書》本作『寧』。『寧』乃『寗』的書寫變异俗字。

〔五〕《三國志・魏書・烏丸鮮卑東夷傳》：『悉可以示汝國中人，使知國家哀汝，故鄭重賜汝好物也。』

愀然

愀，音悄。愀然，色變也。如《禮記》『孔子愀然作色而對』，《莊子》『孔子愀然變容』，《荀子》『愀然有以自省』，《赤壁賦》『愀然正襟危坐』之類。俗讀『秋然』、讀『啾然』，用作淒愴不樂意，非。

瞿然

瞿然，驚顧貌。瞿，音句，與平聲音義不同。《記·檀弓》：『曾子聞之，瞿然。』又：『公瞿然失席。』[一] 亦作『懼然』。《漢·東方朔傳》：『懼然易容。』師古曰：『懼然，失守之貌。』懼，音居具反。《詩》：『良士瞿瞿。』[二]《禮·玉藻》：『視容[三] 瞿瞿梅梅。』音義并同。

【校箋】

〔一〕《禮記·檀弓下》：『公瞿然失席曰：「是寡人之罪也。」』

〔二〕《詩經·唐風·蟋蟀》：『好樂無荒，良士瞿瞿。』

〔三〕按，此『容』字，《昭代叢書》本、《湖海樓叢書》本、《四庫全書》本均如此作，康熙五十八年刊本作『客』。此處之『客』是『容』的書寫訛誤字形。

兩造

兩造，音糙。〔一〕《周禮·大司寇》：『以兩造禁民訟。』〔二〕鄭云：『造，至也。使訟者兩至。』《周書·呂刑》：『兩造具備。』蔡傳云：『兩造者，兩争者皆至也。《周官》：「以兩造聽民訟。」具備者，詞證皆在也。』〔三〕案，此二字，惟讞鞫〔四〕時得用之。俗誤讀『兩召』，用爲彼此二人通稱去聲，非也。

【校箋】

〔一〕造：到，去，至。《説文·辵部》：『造，就也。』

〔二〕《周禮·地官·大司徒》：『以兩造禁民訟，以兩劑禁民獄。』

〔三〕按，明丘濬《大學衍義補》卷一〇六《治國平天下之要·慎刑憲·詳聽斷之法》：『蔡沈曰：「兩造者，兩争者皆至也。具備者，詞證皆在也。」』

〔四〕讞鞫：審訊。

千頃陂

陂，音卑。《後漢·黄憲傳》：『叔度汪汪若千頃陂《世説》作『汪汪如萬頃之陂』，澄之不清，淆之不濁。』〔一〕俗用作『千頃波』，誤認爲波瀾。案，《漢書》字例，『陂』與『波』通用，《後漢》亦然。故於《郭林宗傳》〔二〕作『千頃波』，然絶非波瀾之謂。

【校箋】

〔一〕黄憲，字叔度。後以『叔度千頃』喻人度量寬大。

〔二〕《後漢書·郭太傳》：『叔度之器，汪汪若千頃之陂，澄之不清，擾之不濁，不可量也。』按，郭泰，字林宗，范曄爲避父范泰諱，在《後漢書》中將其書作郭太。

豆區釜鐘

毛居正〔一〕曰：『豆字，是古斗字。如豆、區、釜、鐘之類。後人誤作「俎〔二〕豆」之「豆」讀之。』〔三〕又《考工記·梓人》：『一獻而三酬，則一豆矣。』注：『豆，當爲斗。』《釋文》音斗。下文『飲一豆酒』〔四〕同。予謂豆、區〔五〕、釜、鐘，『區』當讀『歐』，《左傳》音注自明。若豆之爲斗，人所未知也。鐘、鍾，古通用。

【校箋】

〔一〕毛居正：毛晃之子，字誼父，或曰義甫。著有《六經正誤》，并爲《資治通鑒》作注解。

〔二〕按，此『俎』字，康熙五十八年刊本、《昭代叢書》本、《湖海樓叢書》本均如上作，《四庫全書》本作『爼』。『爼』乃『俎』的書寫變异字形。

〔三〕豆：古代容器，也爲容量單位。《小爾雅·廣量》：『一手之盛謂之溢，兩手謂之掬，掬四謂之豆，豆四謂之區。』

〔四〕《周禮·考工記·梓人》：『食一豆肉，飲一豆酒，中人之食也。』鄭玄注云：『一豆酒，又聲之誤。當爲斗。』

〔五〕區：古代容器，又爲容量單位。

挑達伴奂

挑達，輕儇跳躍貌。《詩》：『挑兮達兮。』〔一〕今用作『佻達』，非。伴奂，閑暇之意。《詩》：『伴奂（音判）爾游矣。』〔二〕今用作『泮涣』，非。

【校箋】

〔一〕《詩經·鄭風·子衿》：『挑兮達兮，在城闕兮。』

〔二〕《詩經·大雅·卷阿》：『伴奂爾游矣，優游爾休矣。』

寧馨阿堵

流俗以佳兒爲『寧〔一〕馨』，以錢爲『阿堵』，其實非也。《容齋隨筆》曰：『寧馨、阿堵，宋晋間人語助耳。後人但見王衍指錢云：「舉阿堵物却。」又山濤見衍曰：「何物老嫗，生寧馨兒？」今遂以

「阿堵」爲錢，「寧馨」爲佳兒，殊不然也。前輩詩：「語言少味無阿堵，冰〔二〕雪相看有此君。」又：「家無阿堵物，門有寧（讀從去聲）馨兒。」其意亦如此。宋廢帝〔三〕之母王太后疾篤，帝不往視。后怒謂侍者曰：「取刀來，剖我腹，那得生寧馨兒！」觀此，豈得爲佳？顧長康畫人物，不點睛，曰：「傳神寫照，正在阿堵中。」猶言此處也。劉真長譏殷淵源曰：「田舍兒，强學人作爾馨語。」又謂桓温曰：「使君如馨地，寧可戰鬥求勝。」王導與何充語曰：「正自爾馨。」王恬撥王胡之手曰：「冷如鬼手馨，强來捉人臂。」至今吴中人語言，尚多用「寧馨」字爲問，猶言「若何」也。劉夢得詩：「爲問中華學道者，幾人雄猛得寧馨（玉案，猶言如是也）？」〔四〕蓋得其義。以「寧」字作平聲用。』又《野客叢書》〔五〕云：『今人稱錢爲阿堵，蓋祖王衍之言也。阿堵，晋人方言，猶言「這個」耳。王衍當時指錢而爲是言，非真以錢爲阿堵也。今直稱錢爲「阿堵」，不知「阿堵」果何物耶！且顧長康曰：「傳神寫照，正在阿堵中。」謝安曰：「明公何須壁間置阿堵輩？」殷中軍曰：「理應在阿堵上。」此皆言「阿堵」，豈必錢耶！此與王子猷以竹爲「此君」之意同，裴迪詩曰「竹君」者是也。』

【校箋】

〔一〕按，此『寧』字，康熙五十八年刊本、《湖海樓叢書》本、《四庫全書》本均如此作，《昭代叢書》本作『寕』。『寕』乃『寧』的書寫變异俗字。此條中，餘『寧』字同此，不贅辨。

〔二〕按，此『冰』字，《湖海樓叢書》本如上作，康熙五十八年刊本、《四庫全書》本均作『氷』。『氷』乃『冰』的俗字。

〔三〕宋廢帝：指劉昱，字德融，小字慧震。南朝宋第八任皇帝，劉昱生性好殺，平時喜怒無常。後來太后將他廢爲蒼梧王，史稱『後廢帝』。

〔四〕語出劉禹錫《贈日本僧智藏》。

〔五〕按，以下引文出自《野客叢書》卷八『阿堵此君』條。

勍敵

勍，音擎。强也。《左傳》：『今之勍者，皆我敵也。』〔一〕又：『勍敵之人，隘而不列。』俗讀『競』，因誤作『勁敵』。

【校箋】

〔一〕語出《左傳·僖公二十二年》。下『勍敵之人，隘而不列』同此。

疑丞

疑丞，俗用作『凝丞』，非。《尚書大傳》：『古者天子必有四鄰，前曰疑，後曰丞，左曰輔，右曰弼。』又《記》：『師保疑丞。』〔一〕朱子曰：『疑字，曉不得，想止是有疑即問他之意。』

【校箋】

〔一〕語出《禮記·文王世子》。

比物比志

『故曰聖人有金城者，比物比志也。』〔一〕語出《治安策》〔二〕。林西仲曰：『衆志成城，在城謂之物，在人謂之志，可以相比。』制義〔三〕多用『此物此志』，乃字之誤。林説本之如淳注，然予歷檢《漢書·賈誼傳》，作『比物此志』。字形相近，剞劂易訛，當再覓善本證之。

【校箋】

〔一〕《漢書·賈誼傳》：『故父兄之臣誠死宗廟，法度之臣誠死社稷，輔翼之臣誠死君上，守圄扞敵之臣誠死城郭封疆。故曰聖人有金城者，比物此志也。』

〔二〕《治安策》：又名《陳政事疏》，西漢文學家賈誼的名作之一。

〔三〕制義：古代應制所作文章，其文體爲科舉考試制度所規定，又稱作時文、制藝、時藝等，一般指明清兩代八股文。

纍　纍

纍，借音雷。《樂記》：『纍纍乎端如貫珠。』白樂天詩：『玉敲音歷歷，珠貫字纍纍。』〔一〕華表鶴歌：『有鳥有鳥丁令威，出家千載今來歸。城郭皆是人民非，何不學仙冢纍纍。』〔二〕唐彦謙詩：『長陵高闕此安劉，祔葬纍纍盡列侯。』〔三〕放翁詩：『還家欲作諸孫贈，村路纍纍柿未丹。』〔四〕偶拈一二則，平聲較（音覺）然，今之作詩者或誤作上聲用。

【校箋】

〔一〕語出白居易《楊柳枝二十韵》。

〔二〕《遼東志·仙釋》：「丁令威，初不知何時人，學道登仙於太平府靈波山。後化鶴來歸，集於華表柱。乃歌曰：『有鳥有鳥丁令威，去家千載今始歸。城郭如故人民非，何不學仙冢纍纍。』」

〔三〕語出唐彦謙《長陵》。

〔四〕語出陸游《近村暮歸》。

藐藐

藐，一音莫。藐藐，忽略貌。《詩》：「誨爾諄諄，聽我藐藐。匪用爲教，覆用爲虐。」〔一〕與「既成藐藐」〔二〕深遠貌，音「眇」不同。案，「聽我藐藐」，朱傳音「邈」，今沿讀「眇」者，以誤「邈」爲「眇」音耳。「邈」音「莫」，并無「眇」音，説見第一卷。

【校箋】

〔一〕語出《詩經・大雅・抑》。

〔二〕語出《詩經・大雅・崧高》：「寢廟既成，既成藐藐。」

貫穿

貫穿，音串。《漢・司馬遷贊》：「貫穿經傳，馳騁古今。」杜少陵《八哀詩》：「貫穿百萬衆」「貫穿無遺恨」。柳子厚《送易師楊君序》：「論説辨問，貫穿上下。」俗作「貫串」，非。近日名流寫作「貫弗」，或疑爲「串」字之訛，不知其本於昌黎《贈張籍》詩「試將詩義授，如以肉貫弗」也。弗，音產，炙肉器。〔一〕

【校箋】

〔一〕弗：《廣韵・產韵》「產」爲所簡切，同韵下「弗」字爲初限切，音微异。按「弗」即烤肉用的鐵籤。此字文獻中又用同「串」。

奸

奸，音干。與干同，犯也。如《左傳》『奸王之位』『奸先王之禮』『女皆奸之』『奸國之紀』『奸時以動』『吾父再奸王命』『子父不奸之謂禮』之類，陸德明并音『干』。又求也。《史·齊世家》：『以漁釣奸周西伯。』正義曰：『奸，音干。』又《左傳》：『奸絶我好（去聲）。』〔一〕《漢書》：『敢挾詐僞以奸名譽。』〔二〕陸氏、顔氏并音『干』。今讀爲『艱』，與『姦』混用，不復知有『干』音，故爲歷考之。《日知録》云：『《廣韵》：「姦，古顔切，私也，詐也。亦作姧。」今本誤「姧」作「奸」，非也。奸音干，犯也。《左氏·僖公七年》傳曰：「君以禮與信屬（音竹）諸侯，而以姦終之。」曰：「子父不奸之謂禮。」一傳之中，二字各出，而義不同。《釋名》：「姦，奸也。言奸正法也。」〔三〕以「奸」釋「姦」，其爲兩字審矣。又「奸」字，亦可訓作「干禄」之「干」。《漢書·荆燕吴傳》：「齊人田生，以畫奸澤。」〔四〕《史記》作「干」，然則「奸」但與「干」通用，而不可以爲「姦」也。』〔五〕

【校箋】

〔一〕語出《左傳·成公十三年》。

〔二〕《漢書・循吏傳》：『敢挾詐僞以奸名譽者，必先受戮。』

〔三〕語出《釋名・釋言語第十二》。

〔四〕《漢書・荆燕吴傳》：『高后時，齊人田生游乏資，以畫奸澤。澤大説之，用金二百斤爲田生壽。』

〔五〕語出顧炎武《日知録》卷三二『姦』字條。

著　鞭

《晉・劉琨傳》：『與祖逖爲友，聞祖逖被用。謂人曰：「吾枕（去聲）戈待旦，常恐祖生先（去聲）我著鞭。」』〔一〕著，音灼。置也，與『著棋』同義。俗讀如『沉著』之『著』，非。『沉著』，一作『玄〔二〕箸』。《世説》：『王夷甫曰：「我與王安豐説延陵、子房，亦超超玄箸。」』〔三〕劉辰翁〔四〕云：『玄箸，猶沉著也。』玉案，《世説》『著』字皆作『箸』，如『箸帽』『箸屐』『箸袴』之類。蓋『箸』本古『著』字，後世顚作匙箸用，而别出『著』字。王世懋〔五〕曰：『《世説》「著」皆作「箸」。殆不可曉，或概改作「著」，皆未明乎字學也。』

【校箋】

〔一〕《晉書·劉琨列傳》：『琨少負志氣，有縱横之才，善交勝己，而頗浮誇。與范陽祖逖爲友，聞逖被用，與親故書曰：「吾枕戈待旦，志梟逆虜，常恐祖生先吾著鞭。」』

〔二〕按，此『玄』字，《湖海樓叢書》本、《四庫全書》本如此作，康熙五十八年刊本、《昭代叢書》本作『公』。『公』蓋是『玄』的俗寫體。此條中，其餘『玄』字仿此，不贅注。

〔三〕語出《世説新語·言語第二》。

〔四〕劉辰翁：字會孟，號須溪，景定進士，南宋著名文學家。劉辰翁一生致力於文學創作和文學批評活動，曾評點杜甫、王維、李賀、王安石、陸游諸家之作，開後代評點風氣。

〔五〕王世懋：字敬美，時稱少美，嘉靖進士，明代文學家、史學家王世貞之弟。王世懋好學，善詩文，著述頗豐。

二十八宿

二十八宿，音肅，俗讀『秀』，非。古人皆嘗言之。《容齋隨筆》云：『二十八宿，宿音秀。若考其義，則止當讀如本音。嘗記前人有説如此。《説苑·辨物篇》曰：「天之五星，運氣於五行。所爲宿者，日月五行之所宿也。」其義昭然。』〔一〕《嬾真子録》云：『二十八宿，謂之二十八舍，又謂之二十八次。次也，舍也，皆有「止宿」之意。今《韵略》乃音「秀」，此何理也？』〔二〕焦竑云：『星宿，《韵略》音秀，誤也。「宿」是日月五星之次舍，以止宿爲義。《陰符經》：「天發殺機，移星易宿。地發殺機，龍蛇起陸。作入聲讀。」』玉謂諸説甚是，但援(音袁)引未至耳。案，《史記·天官書》云：『月蝕歲星，其宿地，饑若亡。』又云：『心，則内賊亂也。列星，其宿地憂。』此最是讀『肅』明徵。以洪文敏群公之博學，而不引以爲證，豈偶忘之耶？然讀爲『秀』者，亦有所本。但係古人叶韵，非本音也。昌黎《南山詩》：『延延離又屬(音竹)，夬夬叛還遘。喁喁魚闖(借音寸)萍，落落月經宿。』『棲(音西)宿』字，古亦有叶『秀』音讀者。左思《吴都賦》：『思假道於豐隆，披重霄而高狩。籠烏兔於日月，窮飛走之棲宿。』

【校箋】

〔一〕語出宋洪邁《容齋四筆》卷二『二十八宿』條。

〔二〕語出宋馬永卿《嬾真子》卷三。

鼓篋

《學記》：『入學鼓篋，孫其業也。』注謂『擊鼓以召學士，發篋以出書籍』。〔一〕本自二項，今人輒用『彈琴鼓篋』句，誤以『鼓〔二〕』爲活字，與『負笈』一例。

【校箋】

〔一〕《禮記·學記》：『入學鼓篋，孫其業也。』鄭玄注：『鼓篋，擊鼓警衆，乃發篋，出所治經業也。孫，猶恭順也。』

〔二〕按，此『鼓』字，康熙五十八年刊本、《昭代叢書》本、《湖海樓叢書》本均如此作，《四庫全書》本作『鼓』。『鼓』爲『鼓』的通行體。

繇辭

繇音宙，占詞也。〔一〕《廣韵》注云：『卦兆辭也。』《佩觿集》曰：『繇，从䍃，从卜，从系。』與

『繇』字有辨，經史多誤梓。人因讀爲『爻』音，而不知其非。此字《左傳》最多，如『且其繇曰』之類。陸德明并音直救反。又《漢・文紀》：『卜之，兆得大横。占曰：「大横庚庚。」』〔二〕注，李奇曰：『庚庚，其繇文也。占，謂其繇文也。』師古曰：『繇，音丈救反。本作籀。籀，書也，謂讀卜詞。』潘岳《西征賦》：『既定鼎於郟鄏，遂鑽龜而啓繇。平失道而來遷，緊二國而是祐。』昌黎《南山詩》：『或如龜坼兆，或若卦分繇，或前横若剥，或後斷若姤。』放翁詩：『卜繇兒能測，藥方僧爲求。』〔三〕《詩・杕杜》末章，傳云：『且卜且筮，相襲并作。合言於繇，而皆曰近矣。』〔四〕今之習《詩經》者，莫不讀爲『合言於爻』也。

【校箋】

〔一〕繇：通『籀』，卦占辭。

〔二〕語出《漢書・文帝紀》。

〔三〕語出陸游《病小減復作》。

〔四〕語出朱熹《詩集傳》卷九《小雅二》。

蜑

蜑，壇上聲（亦作蠻〔一〕）。南海夷〔二〕種曰『蜑户』，以舟楫爲家，采海物爲生，且生食之，入水能視。合浦珠，池蚌蛤，惟蜑能没水探取，旁人以繩繫其腰，動則引而上。先炙毳衲熱，出水急覆之，不然，寒栗以死。俗以禽卵爲蜑，不知誤自何時。且變文作『蛋』，尤非，字書無『蛋』字。《宛（借音遠）委餘編》謂：『通海内名鳥卵曰彈，何也？』案，此當作『彈丸』之『彈』，因其形似而名之，是亦一説。

今廣東有『蛋户』，音『但』，皆船户也。『蛋』乃『蜑』字之訛。

【校箋】

〔一〕蠻：同『蜑』。《集韵·緩韵》：『蜑，蠻屬。或从蚰。』

〔二〕按，此『夷』字，《湖海樓叢書》本如上作，康熙五十八年刊本、《昭代叢書》本、《四庫全書》本均作『𡰥』。『𡰥』乃『夷』的古文，《玉篇·尸部》：『𡰥，古文「夷」字。』

五松事

王勉夫曰：『《緗素雜記》云：「《史記》：秦始皇上泰山，立石，封，祠祀。下，風雨暴至，休於樹下，遂封其樹爲五大夫。」〔一〕唐陸贄《松詩》：「不羡五株封。」李商隱有《五松驛》詩，李白序謂：「風雨暴作，五松受職。」皆言五松事。惟荆公詩「老松先得大夫封」，此爲得之。〔二〕僕謂黄朝英稽考未至耳，非李白之徒謬也。按，應劭云：「秦皇逢暴雨，得五松，因封爲五大夫。」蓋當時大夫係封五株松，非一松也。是以庾信《終南山詩》曰：「水奠三川石，山封五樹松。」五樹松在唐人前已如此言，豈謂太白等謬誤？朝英但見唐人有此數處用五松事，與《史記》文不合，故有是説。不知此事已見於應劭所載，而唐前人已用之矣。』〔三〕玉案，勉夫此辨，洞悉源流。而後世辨證家猶紛紛謂五大夫，是秦第九等爵，所封并非五株松，自詡獨得，何見事之晚耶？又檢《史・始皇紀》止言『休於樹下，因封其樹爲五大夫』，并不言松，則五松之説，亦出自後人臆度，未知是否也。

【校箋】

〔一〕《史記・秦始皇本紀》：『乃遂上泰山，立石，封，祠祀。下，風雨暴至，休於樹下，因封其樹爲五大夫。』

〔二〕語出宋黄朝英《靖康緗素雜記》卷三《五松》。

〔三〕按，以上出自王楙《野客叢書》卷二六『五松事』條。王楙，字勉夫。

孤負

李陵《答蘇武書》：『陵雖孤恩，漢亦負德。』又曰：『孤負陵心。』『孤負』字，意必出此，或前更有出，未可知也。杜詩『孤負滄洲願』，韓詩『孤負平生心』，蘇詩『莫教孤負竹風涼』，又杜詩『更長燭明不可孤』，義山〔一〕詩『映書孤志業』之類，不可殫述，總無誤作『辜負』者。即有之，係後人傳寫梓刻之訛，非元文也。辜，辠也。與『孤負』意絶不相蒙。

【校箋】

〔一〕義山：指李商隱，字義山，晚唐著名詩人，與杜牧合稱『小李杜』。

相提而論

相提而論平聲，提，上聲，音弟。《史・竇嬰傳》：『高遂曰：「相提而論，自是明揚主上之過。」』〔一〕徐廣曰：『提，音徒抵反。』《索隱》曰：『相提，猶相抵。』今俗讀作『相題而論』，是何理也？

【校箋】

〔一〕《史記・魏其武安侯列傳》：『梁人高遂乃説魏其曰：「能富貴將軍者，上也；能親將軍者，太后也。今將軍傅太子，太子廢而不能爭；爭不能得，又弗能死。自引謝病，擁趙女，屏間處而不朝。相提而論，是自明揚主上之過。」』

齗齗如也

齗，音銀。《史·魯世家》：『余聞孔子稱曰：「甚矣魯道之衰也！洙音殊泗之間，齗齗如也。」』〔一〕《漢·地理志》：『魯瀕洙泗之水，其民涉度，幼者扶老而代其任。俗既益薄，長者不自安，與幼少相讓，故曰：「魯道衰，洙泗之間，齗齗如也。」』師古曰：『齗齗，分辨之意。』徐廣曰：『幼者患苦長者，長者忿愧自守，故齗齗争辭，所以爲道衰也。』〔二〕俗訛作『斷斷如也』，習用不知，已非一日。

雖『斷斷』字有出，而增一如字，實爲『齗齗如也』之形訛也。

【校箋】

〔一〕齗齗：争辯貌。

〔二〕《史記·魯周公世家》『洙泗之間，齗齗如也』下，徐廣注云：『《漢書·地理志》云：「魯濱洙泗之間，其民涉渡，幼者扶老而代其任。俗既薄，長者不自安，與幼者相讓，故曰齗齗如也。」齗，魚斤反，東州語也。蓋幼者患苦長者，長者忿愧自守，故齗齗争辭，所以爲道衰也。』

校獵

校獵之校，音効〔一〕。《漢·成帝紀》：『行幸長楊宫，與胡客大校獵。』如淳曰：『《周禮》校人掌王田獵之馬，故曰校獵。』師古曰：『此「校」謂以木相貫穿爲闌校耳。《校人》職云「六廄成校」，是則以遮闌爲義也。校獵者，大爲闌校，以遮禽獸而獵取之也。』〔二〕《洪武正韵》云：『闌校，音效，所以遮獸而獵取之，謂之「校獵」。』此本於《漢書音義》，别本字韵書誤音『計校』之『校』，《韵府》亦誤以『校，獵』作『教』音。俗因認爲田獵而較獲多少意。

【校箋】

〔一〕効：同『效』。《玉篇·力部》：『効，俗「效」字。』

〔二〕『行幸長楊宫，與胡客大校獵』句及胡氏所引注文出自《漢書·成帝紀》。

傳臚

臚，音盧，并無『盧』音。《史·叔孫通傳》：『大行設九賓，臚句傳。』蘇林云：『上傳語告下爲臚，下傳語告上爲句。』韋昭云：『大行掌賓客之禮，今謂之鴻臚也。九賓，則《周禮》九儀也，謂公、侯、伯、子、男、孤、卿、大夫、士也。漢依此以爲臚傳，以次傳令下也。臚，音閭。』[一]《宛委餘編》曰：『大鴻臚，古音爲「鴻盧」。今若依古稱，當作一笑。』予謂讀書識字，止求一是，不泥今古也。

【校箋】

[一]『大行設九賓，臚句傳』句及注文出自《史記·劉敬叔孫通列傳》。

剥棗

《詩》：『八月剥棗。』剥，音朴，與『撲』同。今讀『博棗』，非。毛注云：『剥，擊也。』陸德明音『普卜切』。『王荆公《詩經新解》云：「剥者，剥去其皮而進之，所以養老也。」後從蔣山郊步至民家，問其翁安在，曰：「去剥棗。」乃悟前非，即具奏乞除去十三字。』〔二〕説見《容齋隨筆》。予謂今人讀『博棗』，雖非本於介甫之解，而仍作『撲擊』義，然已不復知有『朴』音矣。

【校箋】

〔一〕按，以上引文出自《容齋續筆》卷一五『注書難』條。

劍器渾脱

杜少陵《詩序》云：『觀公孫氏，舞劍器渾平聲脱音駝，瀏灕頓挫，獨出冠時。』〔一〕唐段安節《樂府雜録》謂：『劍器，是健舞曲名。』又《文獻通考·舞部》〔二〕謂：『劍器，古武舞之曲名。其舞用女妓雄妝，空手而舞。』案此，今人意以劍器爲刀劍之器，非是。《舊唐書·郭山惲傳》：『中宗引近臣宴集，將作大匠宗晉卿舞渾脱。』胡三省注《通鑑》〔三〕：『長孫無忌以烏羊毛爲渾脱氈帽，人多效之，謂之「趙公渾脱」，因演以爲舞。』《容齋隨筆》云：『唐中宗時，清河尉吕元泰上書言時政，曰：「比見坊邑，相率爲渾脱隊。」』楊用修曰：『渾脱隊，即所謂公孫大娘渾脱舞也。』又《居易録》〔四〕云：『按，陳暘《樂書》〔五〕云：「樂府諸曲，自古不用犯聲。唐自則天末年，劍器入渾脱，爲犯聲之始。劍器，宫調；渾脱，商調。以臣犯君，故爲犯聲。又唐多解曲，如柘枝用渾脱解之類。觀此則劍器、渾脱，自各爲舞曲之名。今人誤讀杜詩序，以「劍器」爲句，而以「渾脱瀏灕頓挫」六字爲句，以爲皆極贊舞劍器之妙，訛謬沿襲。文字中往往以「渾脱瀏灕」四字連綴用之，可笑也。」』又云『渾脱』之義，了向詳之《皇華紀聞》〔六〕，閲李中麓開先太僕《塞上曲》一首，云：『黄河萬里障邊隅，黠虜年來謀計殊。不用輕帆并短棹，渾脱飛渡衹須臾。』與朱秉器中丞《河上楮談》所記略同。李自注云：『脱，音駝。』然後知渾脱舞、渾脱帽，皆當作平聲也。』玉謂『渾』讀平聲，人所知也。『脱』之音『駝』，人鮮知之。

【校箋】

〔一〕語出杜甫《觀公孫大娘弟子舞劍器行序》。

〔二〕《文獻通考》：簡稱《通考》，宋末元初人馬端臨編撰，爲自上古至宋寧宗時期的典章制度通史，與《通典》《通志》合稱『三通』。

〔三〕胡三省注《通鑒》：胡三省撰有《資治通鑒音注》及《通鑒釋文辯誤》，對《資治通鑒》做了校勘、考證、解釋。

〔四〕《居易録》：王士禛撰。

〔五〕陳暘《樂書》：陳暘，字晋之，宋朝人。其所著的《樂書》是我國古代編撰的大型音樂理論專著，在中國音樂史上具有極高的價值。

〔六〕《皇華紀聞》：王士禛撰，是一部清朝地志。

東閤等語

《漢·公孫弘傳》：『開東閤以延賢人。』師古曰：『閤者，小門，東向開之，避當庭門而引賓客，以别於掾史官屬也。』又《朱雲傳》：『且留我東閤，以觀四方奇士。』〔一〕古人詩文用『東閤』字本此。俗本多傳寫誤梓作『閣』，如少陵詩『東閤官梅動詩興』，義山詩『東閤無因得再窺』，東坡詩『東閤郎君懶重尋』，石湖詩『飄零東閤似詩人』之類。唐制以宣政殿爲前殿，紫宸殿爲便殿，前殿謂之正衙，天子不御前殿而御紫宸。乃自正衙唤仗，由閤門而入，百官候朝於衙者，因隨以入見，謂之『入閤』。又門下省以黄塗門，謂之『黄閤』。長官曰『閤老』『閤下』。又太守去聲有『鈴閤』。又『閤閤蛙聲』，昌黎詩：『蛙黽鳴無謂，閤閤祇亂人。』〔二〕放翁詩：『科斗已成蛙閤閤。』〔三〕惟前明宫禁，有東閤、文華閤。學士入閤辦事者，有『内閤』『閤老』『閤下』之稱，明以前無之也。今欲執後繩前，漢唐詩文『東閤』『閤下』盡改爲『閤』，惡乎可哉！《日知録》言『閣』『閤』之義甚悉，詳《録》第九卷。〔四〕

【校箋】

〔一〕《漢書·楊胡朱梅雲傳》：『在田野亡事，且留我東閤，可以觀四方奇士。』

〔二〕語出韓愈《雜詩四首》。

〔三〕陸游《山園雜咏》：『科斗已成蛙閤閤，櫻桃初結子青青。』

〔四〕見顧炎武《日知録》卷二四『閣下』條。

闈閤

《爾雅》：『小闈謂之閤。』〔一〕史遷《答任少卿書》：『身爲闈閤之臣。』《文翁傳》：『使傳教令，出入闈閤。』注：『内中小門也。』〔二〕今以此二字顓屬女子言，非。轉作『閨閤』，尤非。

【校箋】

〔一〕《爾雅·釋宫》：『其小者謂之閨，小閨謂之閤。』

〔二〕《漢書·循吏傳》：『使傳教令，出入閨閤。』師古曰：『閨閤，内中小門也。』

幕

幕，音莫。俗讀『慕』，誤。亦作『莫』。《史·李牧傳》：『輸入莫府。』《漢·李廣傳》：『莫府省文書。』昌黎《晚秋郾城夜會聯句》云：『從軍古云樂，談笑青油幕。燈明夜觀棋，月暗秋城柝。』此『幕』音『莫』證也。〔一〕

【校箋】

〔一〕莫府：與『幕府』同，古代軍中將帥執事的地方。

際天蟠地

《莊子·刻意篇》：『上際於天，下蟠於地。』《禮·樂記》：『及夫禮樂之極乎天而蟠乎地。』極，即際也。今用作『蟠天際地』『上蟠下際』，與出處不符。〔一〕

【校箋】

〔一〕蟠：周遍，遍及。

卷四

覽揆初度

詞人以生辰爲『覽揆上聲』，爲『初度』，本之《離騷》。曰：『皇覽揆於初度兮，肇錫余以嘉名。名余曰正則兮，字余曰靈均。』〔一〕皇即原父伯庸，覽者視其狀貌，揆者度其將來。初度，猶言初時。日月星辰，各以度成時也。言皇考於己〔二〕初生時，覽其狀貌不凡，揆其將來必异，因賜以嘉名也。流俗不明二字之義，輒誤作『攬揆』。曾見一舊詩，以『攬揆』對『懸弧』，不知其意以『揆』爲何物。『揆』本仄聲，俗誤讀爲『葵』。説詳《四書字音志疑》〔三〕『其揆一也』句。

【校箋】

〔一〕語出屈原《楚辭·離騷》。

〔二〕按，此『己』字，《昭代叢書》本如此作，康熙五十八年刊本、《湖海樓叢書》本、《四庫全書》本均作『巳』。求之文義，作『己』是，此『巳』乃其訛。

〔三〕按，此《四書字音志疑》，《昭代叢書》本、《湖海樓叢書》本如上作，康熙五十八年刊本、《四庫全書》本作『《四書字音砭俗》』。

建瓴

『建瓴』之『建』，音『謇』，覆（音福）也。《漢・高紀》：『譬猶居高屋之上建瓴水也。』如淳曰：『居高屋之上而幡瓴水，言其向下之勢易也。』〔一〕俗讀去聲，非。去聲，樹也，立也。與『幡倒』意無涉。

【校箋】

〔一〕《漢書・高帝紀》：『地勢便利，其以下兵於諸侯，譬猶居高屋之上建瓴水也。』如淳曰：『瓴，盛水瓶也。居高屋之上而幡瓴水，言其向下之勢易也。』

剌謬乖剌

剌，音辢，从束音肅。非从朿音次。僻也，戾也。《太史公書》『私心剌謬』，柳子厚《上大理崔大卿啓》『剌繆經旨，不可以言乎學』，《劉向傳》『謬戾乖剌』，東方朔曰『吾强乖剌而無當』，杜欽曰『陛下無乖剌之心』。俗讀爲『次謬』『乖次』者，不明『剌』與『刺』音次，又音戚之别耳。

説字互誤

《左·僖二十七年》：『郤縠説《禮》《樂》而敦《詩》《書》。』〔一〕『説』，陸德明音『悦』。林唐翁注：『言其所喜説者，禮樂之事。』俗用『敦詩説禮』句，誤爲『講説』意。《學記》：『及其久也，相説以解。』『説』，朱子謂：『應如字讀。』是相證而解也，今作『相悦以解』。《檀弓》：『天下其孰能説之。』俗或誤讀『悦』。《曲禮》：『禮不妄説人。』〔二〕俗或誤讀如字。此字互音護相繆戾音利處甚多，聊舉一二以例其餘。

【校箋】

〔一〕《左傳·僖公二十七年》：『趙衰曰：「郤縠可。臣亟聞其言矣，説《禮》《樂》而敦《詩》《書》。《詩》《書》，義之府也；《禮》《樂》，德之則也。德義，利之本也。」』

〔二〕《禮記·曲禮》卷一：『夫禮者，所以定親疏、決嫌疑、别同异、明是非也。禮不妄説人。』『説』字，陸德明音：『説，音悦。又始悦反。』

扞格

扞格，抵牾不相入也。格，下革反，音覈，與『格物』音義不同。《學記》：『發然後禁，則扞格而不勝。』注：『扞，拒扞也。格，讀如「凍洛音涸」之「洛」。』謂如地之凍，堅强難入也。案此，俗用『格格不相入』句，仍讀爲『隔』，非。

格又音各

《史·平準書》：『於是見知之法生，而廢格詛誹窮治之獄用矣。』《索隱》（音色）曰：『格，音閣。』《梁世家》：『竇太后議格。』服虔曰：『格閣不行。』蘇林曰：『格，音各。』〔一〕又《漢·義縱傳》：『廢格沮事。』《淮南王傳》：『雷被等，格明詔。』〔二〕師古并音各。止也，沮隔也。俗用『格格不吐』句，仍讀爲『隔』，非。

【校箋】

〔一〕按，《史記三家注》卷五八《梁孝王世家第二十八》『竇太后議格』下作『蘇林音閣』，與胡氏引文『音各』异。

〔二〕《漢書·淮南衡山濟北王傳》：『淮南王安雍閼求奮擊匈奴者雷被等，格明詔。』

大比

大比，音避，總也。《周禮·鄉大夫》：『三年則大比，考其德行、道藝，而興賢者、能者。鄉老及鄉大夫，帥其吏與其衆寡，以禮禮賓之。』『鄭司農云：「興賢者，謂若今舉孝廉。興能者，謂若今舉茂才。賓，敬也。敬所舉賢者、能者。」玄謂變舉言興者，謂合衆而尊寵之，以鄉飲酒之禮，禮而賓之。』玉案，《周禮》言『大比』處甚多，不顓指鄉舉。《州長》：『三年大比，則大考州里，以贊鄉大夫廢興。』《縣師》：『三年大比，則以考群吏，而以詔廢置。』《均人》：『三年大比，則大均。』《遂大夫》：『三年大比，則帥其吏而興甿。』《小司寇》：『及大比，登民數，自生以上，登於天府。』《司民》：『及三年大比，以萬民之數詔司寇。』若此類，并音毗至反。俗誤爲『比較』之『比』。

假而

『假而』二字，今人習用，不知其爲『假如』也。柳子厚《答韋中立書》：『假而以僕年先我子，聞道著書之日不後。』方崧卿謂，『而』字應讀『如』見《昌黎集注》。古『而』『如』字通用，説詳《四書字音志疑》『望道而未之見』句。《日知録》云：『《説文》：「需，从雨，而聲。」蓋即讀「而」爲「如」也。唐人詩多用「而今」，亦作「如今」。今江西人言「如何」，亦曰「而何」。』〔一〕

【校箋】

〔一〕語出顧炎武《日知録》卷三二『而』字條。

輓近世

《史·貨殖傳》：『必用此爲務，輓近世塗民耳目，則幾無行矣。』注：『謂用此以輓近世之俗也。』案，此則『輓』與『晚』古字通用之説非是。蓋『輓』止與『挽』通（故『輓歌』亦作『挽歌』）。『晚』與『輓』義本各异，安得相通也？〔一〕

【校箋】

〔一〕按，在『後來的，時間靠近現在』的用法上，『輓』與『晚』通。

恣睢睢陽

『暴戾（音利）恣（音志）睢』之『睢』，音『誨』。『睢陽』『睢水』之『睢』，音『雖』。又音『揮』，仰目也。《莊子·寓言篇》：『而睢睢盱盱〔一〕，而誰與居。』三音爲字，則一并从『目』从『隹（音皆）』。與『關睢』之『睢』，从『且』从『隹（音追）』不同。今人不知分别，『恣睢』『睢陽』等，概誤讀爲『疽』音。

【校箋】

〔一〕睢睢盱盱：形容傲慢、目空一切的樣子。

緣飾

『緣飾』之『緣』，音『現』，與平聲不同。《史·平津侯傳》：『習文法吏事，而又緣飾以儒術。』《索隱》曰：『謂以儒術飾文法，如衣服之有領緣以爲飾。』〔二〕二字人所習用，而不詳所出。讀『緣』

爲平聲，非也。

【校箋】

〔一〕《史記·平津侯主父列傳》：『於是天子察其行敦厚，辯論有餘，習文法吏事，而又緣飾以儒術，上大説之。』司馬貞《索隱》云：『謂以儒術飾文法，如衣服之有領緣以爲飾也。』

對越詒厥等語

《詩》：『對越在天。』〔一〕越，於也，是虚字。今將『對越』二字截用，於義不通。此與『居（音基）諸』『友于』『詒厥』諸弊同，雖在大家，亦不免仍襲用之。杜詩『友于皆挺拔』『交朋列友于』『山鳥山花各友于（《容齋隨筆》作「仙鳥仙花吾友于」）』，〔二〕白詩『三年隔友于』，杜詩『童丱聯居諸』，韓詩『誰謂詒厥無基址』，皆屬歇後語。

【校箋】

〔一〕《詩經·周頌·清廟》：『濟濟多士，秉文之德，對越在天。』鄭玄箋云：『越，於也。』

〔二〕見洪邁《容齋四筆》卷四『杜韓用歇後語』條。

友于詒厥作對

黄徹《䂬溪詩話》云：『《書》言：「惟孝友于兄弟。」』《後漢·史弼傳》：『陛下隆於友于，不忍遏絶。』而淵明詩遂云：『再喜見友于。』《詩》言：『詒厥孫謀。』〔一〕《南史》到溉之孫藎，從宋武帝登北固樓賦詩，帝稱爲才子，後溉和上詩，上輒手詔戲之曰：『得無詒厥之力乎？』〔二〕而《王儉碑文》又云：『詒厥之寄，允屬時望。』杜詩：『友于皆挺拔。』昌黎詩：『誰謂詒厥無基阯〔三〕。』二事正可作對。《野客叢書》曰：『洪駒父云：「世謂兄弟爲友于，謂子孫爲詒厥。」歇後語也。……雖韓、杜未能免俗。吴曾《漫録》乃引《南史》劉湛等「友于」之語，以證子美所用爲有自。僕謂《漫録》所引，未也。僕考諸史，自東漢以來，多有此語，曰「居詒厥之始」，曰「友〔四〕于之情愈厚」，西漢未之聞也……可見後世文氣日不逮古。近日四六多以「爰立音袁」對「具瞻」，作宰相事用。所謂「爰立」者，訓於是乎立耳，不知所立者何事，而曰「即膺爰立之除，式副具瞻之望」。除即立，瞻即望，頭上安頭，甚可笑也。僕又考之，《曹氏命司馬氏文》曰：「違兆庶具瞻之望。」桓豁疏曰：「願陛下追收謬眷，則具瞻革望。」魏晋人已有此謬。」〔五〕

【校箋】

〔一〕語出《詩經・大雅・文王有聲》。

〔二〕《南史・王蓋傳》：「鏡子蓋，早聰慧，位尚書殿中郎。嘗從武帝幸京口，登北顧樓賦詩。……上輒手詔戲溉曰：「得無貽厥之力乎？」」

〔三〕按，此『阯』字，《湖海樓叢書》本如上作，康熙五十八年刊本、《四庫全書》本作『址』。

〔四〕按，此『友』字，《湖海樓叢書》本如此作，康熙五十八年刊本、《昭代叢書》本、《四庫全書》本均作『叐』。『叐』與『友』同。《説文・又部》：『叐，同志爲友。』『址』與『阯』爲异體字關係，《説文・𠂤部》：『阯，基也。从𠂤止聲。址，阯或从土。』

〔五〕按，以上出自《野客叢書》卷二〇『詒厥友於等語』條。

漕

以水通輸曰『漕』，去聲，與『漕邑』之『漕』平聲不同。《漢書·武帝紀》：『春，穿漕渠通渭。』如淳曰：『水轉運曰漕。』師古曰：『音才到反。』此字《史》《漢》甚多。昌黎詩：『通波非難圖，尺地易可漕。善善不汲汲，後時徒悔懊。』〔一〕此讀去聲一證也。俗於『漕糧』『漕船』類，皆呼爲『曹』，非。

【校箋】

〔一〕語出韓愈《薦士》。

郅隆

郅，音質。《史·封禪書》：『爰音袁周郅隆。』注云：『郅，至也，登也，謂登於隆盛之治也。』二字今人慣用，而未明『郅』字之義，故爲疏其出處如此。

健羡

《漢·司馬遷傳》：『至於大道之要，去健羡，黜（音出）聰明。』注如淳曰：『知雄守雌，是去健也。不見可欲，使心不亂，是去羡也。』二字出處，本非佳語。今用作踴躍羡慕意，非。

又拜

今人書翰〔一〕，用『又行』二字，不詳所出，且不解所謂。予偶檢一帖云：『十月十七日，州民王操之，頓首頓首。舊京先墓毁動，聞問傷惻，痛不可言，未得陳慰。白牋〔二〕不備，操之再拜。』『拜』字草書與『行』字無异，因悟『又行』之『行』，乃是『拜』字。『又拜』即『再拜』，初非另作『一行』意。世俗不知，或真書爲『又行』字，非也。『又拜』字，見處甚多。《儀禮·士冠禮》：『送母又拜。』《士昏禮》：『主婦又拜。』

【校箋】

〔一〕書翰：書信。

〔二〕牋：與『箋』同。《玉篇·片部》：『牋，表也。亦作箋。』

不宣

《野客叢書》云：『《漫録》謂《文選·楊修答臨淄侯牋》末曰：「造次不能宣備。」書尾用不宣語起此。僕觀漢高祖初定天下，諸侯王上疏云云，末云：「大王功德著於後世不宣，昧死再拜。」此正不宣語之所從出也。』〔一〕案此，則《東軒筆録》謂宋人書問，自尊與卑曰『不具』，以卑上尊曰『不備』，朋友交馳曰『不宣』，强爲分别，其説非是。

【校箋】

〔一〕按，以上出自王楙《野客叢書》卷一五『行狀不宣等語』條。

謹　空

『黄魯直云，《大祝》（之秀反）辨九拜。拜，即拜也。三曰空首（《偶談》元本誤。梓作「空手」），拜頭至手，（元本誤。梓作「拜頭至地」）所謂「拜手」。唐人書末云「謹空」，謂「空首」也。』〔一〕《池北偶談》有此一則。予考顔魯公帖：『廿九日，刑部尚書顔真卿狀上李太保大夫公閣下，下書謹空字。』以此爲空首拜猶可。又一帖：『真卿頓首和南澄師大德侍者。』後另書一行云：『十日敬空。』既曰『頓首』，又以『敬空』爲『空首』，於義不安。後見《夢溪筆談》云：『前世風俗，卑者致書於所尊，尊者但批紙尾，答之曰「反」，故人謂之「批反」，如官司批狀、詔書批答之類。故尾紙多作「敬空」字，自謂不敢抗敵，但空紙尾以待批反耳。尊者亦自處不疑，不務過敬也。』〔二〕

【校箋】

〔一〕按，以上語出王士禛《池北偶談》卷二五《談异六》『謹空』條。

〔二〕按，以上語出宋沈括《夢溪補筆談》卷三《雜志》。

數見不鮮

《史・陸賈傳》：『數見不鮮，無久慁公爲也。』注《索隱》曰：『數見，謂時時來見。不鮮，必令鮮平聲美作食，莫令見不鮮之物也。《漢書》作「數擊鮮」。』〔一〕《日知録》云：『數見不鮮，意必秦時人語，猶今人所謂常來之客不殺鷄也。賈乃引此，以爲父之於子，亦不欲久慁。當時之薄俗可知。』〔二〕玉又案，楊用修曰：『數見不鮮，恐其久而厭也。注非。《漢書》作「數擊鮮」，尤非。』此説與劉貢父合，後世循之，遂不復知有『擊鮮』之説矣。

【校箋】

〔一〕《漢書・酈陸朱劉叔孫傳》：『數擊鮮，毋久溷女爲也。』

〔二〕語出《日知録》卷二七《史記注》。

蒲萄枇杷

『蒲萄』之『蒲』，『枇杷』之『枇』，俗呼仄聲，亦有所本。白樂天《房家夜宴喜雪》詩：『酒鈎送盞推蓮子，燭泪粘盤壘蒲萄。』又：『燕姬酌蒲萄。』〔一〕《山枇杷》詩：『深山老去惜年華，况對東溪野枇杷。』又張祜詩：『生摘枇杷酸。』〔二〕皆仄用。

【校箋】

〔一〕白居易《寄獻北都留守裴令公》：『羌管吹楊柳，燕姬酌蒲萄。』

〔二〕文獻中偶見引此句者，如王士禛原編、鄭方坤刪補《五代詩话》卷三《南唐・徐鉉》、清翟灝《通俗編》卷三〇《草木》『枇杷、葫蘆』條，但不知是何詩，檢之未得。

琵琶

『琵琶』之『琵』，古亦有作仄聲用者。白樂天《春聽琵琶》詩：『四弦不似琵琶聲，亂寫真珠細撼鈴。』及《琵琶行》云：『忽聞水上琵琶聲。』洪文敏謂，二『琵』字并入聲讀。又：『金屑琵琶槽。』〔一〕又張祜詩：『宮樓一曲琵琶聲。』〔二〕唐宣宗《吊白樂天》：『童子解吟長恨賦，胡兒能唱琵琶篇。』

【校箋】

〔一〕白居易《寄獻北都留守裴令公》：『銀含鑿落盞，金屑琵琶槽。』

〔二〕張祜《玉環琵琶》：『宮樓一曲琵琶聲，滿眼雲山是去程。』

平一讀病

平，音病，平其不平也。如《楊子》『一閧（音巷）之市，必立之平』〔一〕、《漢書》『廷平天下之平』之類，又《周禮》注『平價』曰『平』。并作仄聲，說見《四書字音砭俗·離婁章》注。賈昌朝《音辨》，蒲兵切，均也。蒲柄切，品物定法也。『評論（平聲）』之『評』，亦可讀爲『病』。昌黎詩：『爾來曾幾時，白髮忽滿鏡。舊游喜乖張，新輩足嘲（音遭）評。』〔二〕王元美曰：『「廷評」之「評」，不知古何以作去聲。』

【校箋】

〔一〕《揚子法言》卷一《學行篇》：『一鬨之市，必立之平。一卷之書，必立之師。』

〔二〕語出韓愈《東都遇春》。

寧一讀佞

寧，平聲，安也。音佞，願也。説本賈氏《音辨》。韵書謂，今俗言『寧可』爲『甯可』。玉案，《晋書》『寧馨』字，古多仄聲用。張謂詩：『家無阿堵物，門有寧馨兒。』東坡詩：『六朝人物餘丘隴，空使奸雄笑寧馨。』〔一〕

【校箋】

〔一〕語出蘇軾《平山堂次王居卿祠部韵》。

作一讀做

昌黎詩：『非閣復非船，可居兼可過。君若問方橋，方橋如此作。』〔一〕少陵詩：『主人送客何所作。』〔二〕自注去聲。岑參詩：『歸夢秋能作。』〔三〕權德輿詩：『小婦無所作。』〔四〕亦自音『佐』。白樂天、皮日休詩皆然。韵書謂『俗作做』，非。做音直佐〔五〕反。

【校箋】

〔一〕語出韓愈《奉和虢州劉給事使君三堂新題二十一咏·方橋》。

〔二〕杜甫《章梓州橘亭餞成都竇少尹》：『秋日野亭千橘香，玉杯錦席高雲凉。主人送客何所作，行酒賦詩殊未央。』

〔三〕岑參《滻水東店送唐子歸嵩陽》：『歸夢秋能作，鄉書醉懶題。』

〔四〕權德輿《三婦詩》：『大婦刺綉文，中婦縫羅裙。小婦無所作，嬌歌遏行雲。丈人且安坐，金爐香正薰。』

〔五〕按，此『佐』字，《湖海樓叢書》本如此作，康熙五十八年刊本、《昭代叢書》本、《四庫全書》本均作『信』。作『信』於音理不和，當是『佐』之誤梓。

帆一作去聲

劉熙《釋名》曰：『隨風張幔曰帆。』〔一〕注去聲。《廣韻》曰：『船使風。音與梵同。』〔二〕《左傳》杜注：『拔旆投衡上，使不帆風。』〔三〕陸氏音凡劍反。杜詩：『浦帆晨初發，郊扉冷未開。』朱子引以證韓詩：『不枉故人書，無因帆江水。』謂『帆』字當去聲。又張説之詩：『夏雲隨北帆，同日過江來。』張曲江詩：『征鞍税北渚，歸帆指南陲。』劉删詩：『回艫乘派水，舉帆逐分風。』包何詩：『錦帆乘風轉，金裝照地新。』孟浩然詩：『嶺北回征帆，巴東問故人。』楊用修曰：『近蘇州刻孟詩，改「征帆」爲「征棹」。何仲默笑曰：「「征帆」改「征棹」，「錦帆」亦改曰「錦棹」可乎？」』〔四〕

差音羞輕

【校箋】

〔一〕劉熙《釋名·釋船第二十五》：『帆，泛也。隨風張幔曰帆，使舟疾泛泛然也。』

〔二〕《廣韻·梵韻》：『船使風。』又《廣韻·凡韻》：『船上幔也。亦作颿。』

〔三〕《左傳·宣公十二年》：『少進，馬還，又惎之拔旆投衡，乃出。』杜注云：『還，便旋不進。旆，大旗也。拔旆投衡上，使不帆風，差輕。』

〔四〕語出楊慎《升庵集》卷五七。

並一讀傍

並，一音蚌。蒲項反。〔一〕如《史·秦紀》：『並河以東。』《匈奴傳》：『並陰山下。』《漢書》：『北至琅邪，並海上。』《説苑》：『並崖止之。』見處甚多，不暇縷舉也。又杜詩：『玉山高並兩峰寒。』蘇詩：『今年並海棗如瓜。』今人不知，作如字讀。

【校箋】

〔一〕按，此『蒲項反』，《昭代叢書》本、《湖海樓叢書》本如此作，康熙五十八年刊本、《四庫全書》本作『與「傍」同』。

冰一讀柄

冰，賈昌朝《字音清濁辨》云：『筆凌切，水凝。彼病切，所以寒物。』〔一〕包佶詩：『春飛雪粉加毫潤，曉漱瓊漿冰齒寒。』義山詩：『嘉瓜引蔓長，碧玉冰寒漿。』『簟冰將飄枕，簾烘不隱鈎。』『玳瑁明書閣，琉璃冰酒缸。』〔二〕皆仄用。

【校箋】

〔一〕《群經音辨》卷六《辨字音清濁》『冰』下云：『水凝也，筆凌切，平聲。所以寒物曰冰，筆凭切。』

〔二〕以上三條分别出自李商隱《柳枝》《石城》《蠅蝶鷄麝鸞鳳等成篇》。

膏一讀告

膏，音告。謂以脂膏潤物也，是活字。如《詩》『羔裘如膏，日出有曜』『芃芃黍苗，陰雨膏之。』

悠悠南行，郇伯勞之』之類。又白樂天《和令(平聲)狐令公》詩：『仁風扇(自注平聲)道路，陰雨膏(自注去聲)閭閻。』賈氏《字音清濁辨》：『古刀切，脂凝。古到切，所以潤物。』〔一〕

【校箋】

〔一〕語出《群經音辨》卷六《辨字音清濁》。

收一讀狩

收有去聲。《易》：『井收勿幕。』〔一〕韵書隸『宥』韵内。昌黎《南山詩》：『或行而不輟，或遺而不收。或斜而不倚，或弛(上聲)而不彀。』本此。賈氏《音辨》：『式周切，斂也。式救切，斂之。』〔二〕

【校箋】

〔一〕語出《周易》卷五《井》。

〔二〕語出《群經音辨》卷六《辨字音清濁》。

膠一讀絞

膠，上聲，是活字，與平聲不同。白樂天詩：『三杯藍尾酒，一楪〔一〕膠牙餳。』〔二〕又：『歲琖〔三〕後推藍尾酒，春盤先勸膠牙餳。』〔四〕蘇詩：『童子愁冰硯，佳人苦膠杯。』〔五〕皆仄用。

【校箋】

〔一〕楪：同『碟』，盛食物的小盤。

〔二〕語出白居易《七年元日對酒五首》。

〔三〕琖：同『盞』，小杯子。

〔四〕語出白居易《歲日家宴戲示弟侄等兼呈張侍御二十八丈殷判官二十三兄》。

〔五〕語出蘇軾《和劉景文雪》。

張一讀漲

張，音漲，自侈音恥大也。《左·宣六年》『我張吾三軍』，又『隨張必弃小國』『請羸師以張之』。昌黎詩云：『詩成使之寫，亦足張我軍。』〔一〕注音豬亮切，本之《左傳》。又『主張』之『張』，古亦有作仄聲用者。晏小山詩：『春風自是人間客，主張繁華得幾時。』〔二〕

【校箋】

〔一〕語出韓愈《醉贈張秘書》。

〔二〕語出晏幾道《晚春》。

遲一讀穉

遲，音穉，待也。《易·歸妹》：『遲歸有時。』《史》《漢》讀去聲處甚多，如『遲明，圍宛音苑』

『臣老，遲還恐不相見』『側席遲士』『營中遲旦』之類，又韓詩：『遲爾一來翔』『家國遲子榮』〔一〕。

【校箋】

〔一〕以上分别語出韓愈《岐山下二首》《燕河南府秀才得生字》。

貌一讀莫

貌，音漠。描畫人物，類其狀也。與『形貌』音義不同。如杜詩『畫工如山貌不同』『曾貌先帝照夜白』『屢貌尋常行路人』『貌得山僧及童子』〔一〕之類。

【校箋】

〔一〕按，以上四句分别出自杜甫《丹青引贈曹將軍霸》《韋諷録事宅觀曹將軍畫馬圖》《丹青引贈曹將軍霸》《奉先劉少府新畫山水障歌》。

裁一讀在

《後漢·李膺傳》：『獨持風裁。』注：『音才代反。』又：『范滂清裁。』注：『音才載反。』賈氏《音辨》：『平聲，制也。去聲，體制合宜。』[一] 故『風裁』『體裁』『品裁』并音『在』，韻書隸仄聲。又《公羊傳》『辯而裁』，《史記·張儀傳》『裁如嬰兒』，《文選》『豐約之裁』『綜核精裁』。凡此類，皆與『裁度』『裁成』平聲不同。以上數字音義，俗不盡知也。

【校箋】

〔一〕語出《群經音辨》卷六《辨字音清濁》。

元

今人詩題，誤寫『元韵』作『原韵』。雖號作家，往往不免。《日知録》云：『元者，本也。本官曰元官，本籍曰元籍，本來曰元來。唐宋人多此語，後人以「原」字代之，不知何解。原者，再也。

《易》「原筮」，《周禮·馬質》《禮記·月令》「原蠶」，《文王世子》「末有原」，《漢》「原廟」之「原」，皆作「再」字解。《漢書》注師古曰：「原，重也。言已有正廟，更重立也。」與本來之義全不相同。或以爲洪武中，臣下有稱元任官者，嫌於元朝之官，故改此字。」又云：『古人亦有稱「原官」者。後漢張衡《應間》：「曩滯日官，今又原之。」〔一〕注：「《爾雅》曰：『原，再也。』衡爲太史令，去官五載，復爲太史令，故曰原之」。然則原官乃再官之義也。』〔二〕玉案，古人詩文中本來義無一作『原』者。偶閲杜詩，拈出一二處爲證：『鬢毛元自白，泪點向來垂』『渚柳元幽僻，村花不掃〔三〕除』『錦江元過楚，劍閣復通秦』。〔四〕其餘不可殫述也。

【校箋】

〔一〕按，語出《後漢書·張衡傳》。

〔二〕按，以上兩段引文均出自顧炎武《日知録》卷三二『元』字條。

〔三〕按，此『掃』字，《湖海樓叢書》本如上作，康熙五十八年本、《昭代叢書》本、《四庫全書》本均作『埽』。二者爲异體字關係。

〔四〕按，以上分别出自杜甫《傷春五首》《寄李十四員外布十二韵》《謁先主廟》。

剌剌

昌黎《送殷員外序》：『丁寧顧婢子，語剌剌不能休。』剌，音戚。字从朿音次，非从束。方崧卿注曰：『洪慶善云：「剌，音盧達反。」樊澤之曰：「剌，七迹反。」若如洪讀，則以戾音利爲義。顧婢子語何戾耶？潘岳《閤道謡》：「和嶠剌促不得休。」語意皆同。此當以「七迹反」爲正。』予見今之習韓文者，多讀爲『辣辣不能休』，故録方注如此。

龍鍾

龍鍾，一説竹名，謂年老之人，如竹枝摇曳〔一〕，不自矜持；一説石名，謂老人身重如石，難移動也。此皆杜撰不經之語。杜詩：『何太龍鍾極，於今出處妨。』〔二〕錢箋云：『龍鍾，《演義》〔三〕謂不昌熾、不翹舉，如藍鬖拉搭之類。』玉謂，若作竹石名，是死字，如何對得『出處』二字來。且其爲義亦不一，有作下泪解者，有作蹭蹬解者，今人但知爲老憊用耳。王褒音包《書》〔四〕云：『授筆攬紙，龍鍾此下泪之狀也。蘇頲詩：『龍鍾橫集。』常建詩：『雙袖龍鍾泪不乾。』李端詩：『龍鍾相見誰能免？』此蹭蹬之意也。杜詩：『何太龍鍾極。』高適詩：『龍鍾還忝二千石。』元載《别妻詩》：『誰不厭龍鍾？』昌黎詩：『白首誇龍鍾。』元遺山詩：『奮迅舊嫌扶老杖，龍鍾今屬負暄墻。』此老憊意也。又《荀子》：『隴種東籠而退。』注：『遺失貌。』《埤蒼》作『躘踵』，或作『偅』。杜弼《爲侯景檄梁》曰：『龍鍾稚子。』裴度曰：『見我龍鍾，故相戲爾。』總爲潦倒笨累之狀，乃知二字之解甚多。隨所用而各异，不得拘泥於『老憊』一意，而『竹』與『石』之俗説紛紛也。

【校箋】

〔一〕按，此『曳』字，康熙五十八年刊本、《昭代叢書》本、《湖海樓叢書》本均如上作，《四庫全書》本作『曳』。此『曳』是『曳』的訛字。

〔二〕語出杜甫《寄彭州高三十五使君適虢州岑二十七長史參三十韵》。

〔三〕按，此『演義』指《蘇氏演義》，唐代蘇鶚撰。此書考究書傳，訂正名物，辨證訛謬，有益見聞。

〔四〕按，此『書』指王褒《與周弘讓書》。

卷 五

漢壽亭侯

古有亭侯之封，乃侯爵之最下者。《漢・桓帝紀》：『封單超等五人爲縣侯，尹勳等七人爲亭侯。』〔一〕列傳中爲亭侯者甚多，亭有一字名者，如獻帝建安初封曹操爲費亭侯是也。亭有二字名者，如靈帝以解犢亭侯入繼是也。又《楚漢春秋》：高祖封許負爲鳴雌亭侯；魏封蘇林爲安成亭侯，孟康爲廣陵亭侯；吴封韋昭爲高陵亭侯。關公之爲漢壽亭侯即其類。亭曰漢壽，二字名也。史延熙十四年，費禕音衣北屯漢壽。〔二〕景耀元年，詔漢中兵屯漢壽，是其地。今爲廣元縣，屬四川保寧府。世人稱爲壽亭侯，誤以漢字屬音竹上。《容齋隨筆》云：『荆門玉泉關將軍廟中，有「壽亭侯印」一紐，其上大環，徑四寸，下連四環，皆繫於印上。相傳云：紹興中洞庭漁者得之，入於潭府，以爲關雲長封漢壽亭侯，此其故物也，故以歸之廟中。南雄守黄兑，見臨川興聖院僧惠通印圖形，爲作記。而復州寶相院，又以建炎二年，因伐木於三門，大樹下土中深四尺餘，得此印。其環并背俱有文，云：「漢建安二十年，壽亭侯印。」今留於左藏庫。邵州守黄沃叔啓，慶元二年復買一紐於郡人張氏，其文正同，祇欠五繫環耳。予以爲皆非真漢物，且漢壽乃亭名，既以封雲長，不應去漢字，又其大比它漢印幾倍之。聞嘉興王仲言，亦有其一。侯印一而已，安得有四？雲長以四年受封，當即刻印，不應在二十年，尤非也。是特後人爲之，以奉廟祭，其數必多。今流落人間者，尚如此也。』〔三〕玉案，今世所傳《三國志通俗演義》謂，曹操始鑄壽亭侯印授公，公不受，及加『漢』字，乃受。此説出自俚俗，豈足據哉？曾見名流一記，作『漢壽侯節』，去『亭』字。蓋明乎此也。

【校箋】

〔一〕《後漢書·孝桓帝紀》：『其封超等五人爲縣侯，勳等七人爲亭侯。』

〔二〕《三國志·蜀書·蔣琬費禕姜維傳》：『後十四年夏，還成都，成都望氣者云都邑無宰相位，故冬復北屯漢壽。延熙十五年，命禕開府。』

〔三〕以上語出宋洪邁《容齋四筆》卷八『壽亭侯印』條。

漢壽侯生辰

普天下以五月十三日爲關公生辰。予案，《漢壽亭侯祖系記》錢塘馮景山公著：康熙戊午，解州守王朱旦濬[一]井，得侯壙磚，因作《關侯祖墓碑記》。其間載侯之祖考兩世諱字生卒甲子甚詳。侯祖石磐公，諱審，字問之，和帝永元二年庚寅生，居解州常平村寶池里。公冲穆好道，以《易》《春秋》訓其子，卒於桓帝永壽二年丁酉，享年六十八。子諱毅，字道遠，性至孝，父歿，廬墓三年。既免喪，於桓帝延熹三年庚子六月二十四日生侯。侯長，娶胡氏，於靈帝光和元年戊午五月十三日生子平。其大略如此。然則五月十三，乃侯子平之生辰，非侯生辰也，當據此改正。

【校箋】

〔一〕濬：疏通。《正字通·水部》：『濬，通作浚。』

鍾離權

以漢壽亭侯爲壽亭侯，誤以『漢』字屬上，已辨之矣。唐時仙人鍾離雲房，名權，與吕嵒同時，嘗自稱『天下都散漢鍾離權』見《宣和書譜》。今人稱『漢鍾離』，此誤以『漢』字屬下，因遂傅會。以鍾離權爲漢將鍾離眛〔一〕音末，與从『午未』之『未』音妹不同，可笑其妄。漢鍾離乃地名，非人名。少陵《元日寄妹》詩：『近聞韋氏妹，迎在漢鍾離。』

【校箋】

〔一〕按，此『眛』字，康熙五十八年刊本、《昭代叢書》本、《湖海樓叢書》本均如此作，《四庫全書》本作『昧』。『眛』乃『昧』的誤梓。

鍾繇

晋鍾繇，字元常。繇，音遥，取臯繇陳謨『彰厥有常』之義。故《世説》載，庾公謂鍾會曰：『何以久望卿，遥遥不至？』蓋舉其父諱戲之。今讀作由，非。説見《楊升庵集》。〔一〕予案，《世説》：『晋文帝與二陳共車，過喚鍾會同載，即駛車委去。比出，已遠。既至，因嘲之曰：「與人期行，何以遲遲？望卿遥遥不至。」會答曰：「矯然懿實，何必同群？」帝復問會：「臯繇何如人？」答曰：「上不及堯、舜，下不逮周、孔，亦一時之懿士。」』劉孝標注云：『二陳，騫與泰也。會父名繇，故以「遥遥」戲之。騫父名矯，帝父諱懿，泰父群，祖父寔，故以此酬之。』〔二〕王世懋云：『今人呼鍾元常名，類作由音。』觀此，定當呼遥。又案，《世説》景王嘲鍾毓曰：『臯繇何如人？』對曰：『古之懿士。』則『鍾繇』讀『遥』無疑也。升庵謂庾公嘲鍾會，偶然失檢耳。

【校箋】

〔一〕語出《楊升庵集》卷五〇『鍾元常』條。

〔二〕以上語出《世説新語·排調第二十五》。

涪翁

涪音浮，水名，州名。人但知黄山谷謫居涪州，自號涪翁，不知二字已見於《後漢書·郭玉傳》：『初，有老父不知何出，常漁釣於涪水，因號涪翁。』

酇侯

《資暇録》云：『漢相蕭何，封爲酇侯。舉代呼爲醝侯，有呼贊者，則反掩口而咥，深可訝也。酇氏分明云：「屬沛郡者音嵯，屬南陽者音贊。」又《茂陵書》曰：「蕭何國在南陽。」合二家之説，音贊不音醝，明矣。』〔一〕又《野客叢書》云：『酇有二地名，屬南陽者音贊，屬沛郡者音嵯。按，《茂陵書》曰「蕭何國在南陽」，是則蕭何封贊明矣。而沛有泗水亭，班固銘曰：「文昌四友，漢有蕭何，序功第一，就封於酇。」誤以爲沛地之嵯矣。楊巨源詩曰：「請問漢家功第一，麒麟閣上識酇侯。」姚合詩曰「酇侯宅過謙」，賈島詩曰「往歲酇侯鎮」，諸家皆承此謬。劉晏歲輸至，天子曰：「卿，朕酇侯也。」《唐書釋文》：「酇，南陽縣名。則旰切。」此正得之。』〔二〕玉又考《老學庵筆記》，引班固《十八侯銘》及楊巨源《上門下相公》詩爲證，謂酇侯讀嵯，未可盡非。予案，蕭何始封國，音贊；光武時子孫續封，音鹺。唐人詩『漢家恩澤問酇侯』，指何子孫，非謂何也。則蕭何之爲贊侯無疑。

【校箋】

〔一〕語出《資暇集》卷上『酇侯』條。

〔二〕語出宋王楙《野客叢書》卷七『蕭張封地』條。

考亭

周櫟園云：『世以考亭稱朱文公〔一〕，予癸巳陪巡過建陽，宿麻沙，見晦庵後人所藏家譜，知考亭是黄氏之亭。』按，五季亂，黄端子稜隨父禮部尚書入閩音民，見建陽山水秀麗，遂家焉。子稜乃築亭於半山，以望其考，因名曰考亭。文公居近其地，世因以考亭稱之。以地稱人可也，以他人之考稱文公，於理甚悖。然公在日，實無以此稱之者，後人誤謬，急當改正。

【校箋】

〔一〕朱文公：朱熹，字元晦，又字仲晦，號晦庵，世稱朱文公。

張翰

翰字之義有四：羽翰，屏翰，詞翰，又白色。《易》：『乘馬翰如。』《檀弓》：『戎馬乘翰。』義雖不同，隨韵押用，不分平去。周平園謂張翰字季鷹，是『羽翰』之『翰』，當作平聲讀。後人循習讀去聲，皆失音義。此論一起，世人遂鑿然謂『羽翰』當平聲，『屏翰』等當去聲。豈知《詩·常武》『如飛如翰，如江如漢』，則『羽翰』亦去聲讀。《嵩高》『戎有良翰』，與『申伯番番』協文。《賦》：『始躑躅（音擲逐）於燥吻（音憤），終流離於濡翰。』〔二〕與『難』『端』等字協，則『屏翰』『詞翰』亦平聲讀。大凡字有平仄二音通用者，不得執一而論（平聲）。予案，唐人詩無以張翰作寒音者，如少陵『扁舟不獨如張翰，皂帽還應似管寧』〔二〕，香山『鍾儀徒戀楚，張翰浪思吴』〔三〕，義山『越桂留烹張翰鱠，蜀薑供煮陸機蓴』〔四〕之類。

【校箋】

〔一〕語出《陸機·文賦》。

〔二〕語出杜甫《嚴中丞枉駕見過》。

〔三〕語出白居易《東南行一百韵寄通州元九侍御、澧州李十一舍人、果州崔二十二使君、開州韋大員外、庾三十二補闕、杜十四拾遺、李二十助教員外、竇七校書》。

〔四〕語出李商隱《贈鄭讜處士》。

中酒

中酒二字，始見《徐邈傳》『中聖人』〔一〕，義如『中著』之『中』，而音反從平聲。《樊噲傳》：『項羽既饗軍士，中酒。』師古曰：『飲酒之中也。不醒不醉，故謂之中。』〔二〕義宜從平聲，而音乃竹仲反。然如唐人《下第》詩『氣味如中酒，情懷似别人』〔三〕，及『濁賢清聖一中之』，李太白詩『醉月頻中聖，迷花不事君』〔四〕，蘇子瞻詩『時復中之徐邈聖，無多酌我次公狂』〔五〕、『君特未知其味耳，臣今時復一中之』〔六〕之類，止作平聲，無仄用者。惟《野客叢書》載齊己《柳》詩：『穠低似中陶潛酒，軟極如傷宋玉風。』從《漢書》注音竹仲反。姚福云：『中酒作去聲，於義爲長，蓋中有中傷之義。』余謂如用『中聖』『中之』之類，必宜平聲；若用『中酒』字，不妨平仄并押。

《日知録》謂《噲傳》『中酒』，酒半也，猶今人言半席。師古解以『不醒不醉，故謂之中』，失之矣。〔七〕

【校箋】

〔一〕語出《三國志·魏書·徐胡二王傳》。

〔二〕語出《漢書·樊酈滕灌傳靳周傳》。

〔三〕語出李廓《落第》。

〔四〕語出李白《贈孟浩然》。

〔五〕語出蘇軾《贈孫莘老七絶》。

〔六〕蘇軾《太守徐君猷、通守孟亨之皆不飲酒，以詩戲之云》：『公獨未知其趣爾，臣今時復一中之。』

〔七〕語出《日知録》卷二七『漢書注』條。

飛黃騰踏

飛黃，馬名。昌黎詩：『飛黃騰踏去，不能顧蟾蜍。』〔一〕俗或誤作『騰達』，且昧飛黃之義，故詳之。

【校箋】

〔一〕語出韓愈《符讀書城南》。符，愈之子。城南，愈之别墅。

茗艼

茗艼，即酩酊字。《世説》：『日暮倒載歸，茗艼無所知。』〔一〕《晋書·山簡傳》同。〔二〕

【校箋】

〔一〕語出《世説新語·任誕第二十三》。

〔二〕《晋書·山濤傳》：『日夕倒載歸，茗艼無所知。』

感概

每見博雅之士『感慨』寫作『感概』，韓、蘇諸公詩文皆然。此本之《漢·游俠傳》：『郭解少時，陰賊感概。』然師古注謂：『感意氣而立節概。』〔一〕不作『慨』字解。惟《莊子·至樂篇》：『是其始死也，予獨何能無概然？』注：『概，感觸經心也。』

【校箋】

〔一〕師古曰：『陰賊者，陰懷賊害之意也。感概者，感意氣而立節概也。』

須麋

須麋，即鬚眉字。《荀子·非相篇》：『伊尹之狀，面無須麋。』《漢書》『赤眉』作『赤麋』〔一〕，『鬚髮』作『須髮』〔二〕。須本面毛字，借作相須之須《廣韵》注云：『俗作鬚。』。俗从水，誤。湏，音誨。爛也。

【校箋】

〔一〕按，《漢書·王莽傳》：『赤糜聞之，不敢入界。』師古曰：『糜，眉也。以朱塗眉，故曰赤眉。古字通用。』

〔二〕《漢書·王莽傳》：『欲外視自安，乃染其須髮。』《漢書·李廣蘇建傳》：『武留匈奴凡十九歲，始以强壯出，及還，須髮盡白。』

消搖

消搖，即逍遥字。如《記·檀弓》『孔子消搖於門』，《後漢·延篤傳》『夕則消搖内階』，《世説》『韓康伯拄杖前庭消搖』〔一〕之類。

【校箋】

〔一〕語出《世説新語·方正第五》。

汩汨之辨

昌黎《答李翊書》：『當其取於心而注於手也，汩汩然來矣。』汩，注音聿。案，字韵書汩音聿。从『子曰』之『曰』，水流也。又奔汩，疾貌。與『汨没』字从『日月』之『日』不同，今讀『骨骨然來』，誤也。又《輟耕録》載樊宗師《絳守居園池記》：『汩汩街衖畦町阡陌間。』〔一〕注云：『汩，于筆切。音骨，非。』

【校箋】

〔一〕語出《南村輟耕録》卷一二。

晢晳之辨

晢，音浙。从折从日，明也。《易·大有》卦：『明辨晢也。』亦作『晣』。晳，音昔。从析从白，今从日，白色，曾點字。二字音義不同，今字書『晳』亦訓明，誤引《大有》卦辭，俗因有明晰、清晰等語，非也。《日知録》云：『《史記·趙世家》：「吾有所見子晰也。」晰者，分明之意。《易·大有·象傳》：「明辨晳也。」即此字。音折，又音制。《索隱》誤以爲鄭「子晳」之「晳」。』〔一〕

【校箋】

〔一〕語出《日知録》卷二七『史記注』條。

騫鶱之辨

鶱字，从鳥，音軒，鳥飛貌。杜詩：『詞華傾後輩，風雅靄孤鶱。』〔一〕韓詩：『得時方張王并去聲，挾勢欲騰鶱。』〔二〕皆押元韵。今人用飛騫字，誤从馬。騫音愆，馬腹病。《容齋隨筆》亦曾辨之，其言曰：『騫、鶱二字，音義訓釋不同。以字書正之，騫，去乾切，注云：「馬腹縶。又虧也。」今列於《禮部韵略》下平聲二仙中。鶱，虚言切。注云：「飛貌。」今列於上平聲二十二元中。文人相承，以「騫騰」之「騫」，爲軒昂掀舉之義，非也。其字之下从馬，馬豈能掀舉哉？閔損字子騫，雖古聖賢命名制字，未必有所拘泥去聲，若如虧少之義，則渙然矣。其下从鳥，則於掀飛之訓爲得。此字殆廢於今，故東坡、山谷亦皆押騫字入元韵，如「時來或作鵬騫」「傳非其人恐飛騫」之類，特不暇毛舉深考耳。唯韓公《和侯協律咏笋》一聯云：「得時方張王，挾勢欲騰騫。」乃爲得之。此固小學瑣瑣，尤可以見公之不苟於下筆也。』〔三〕

【校箋】

〔一〕語出杜甫《贈比部蕭郎中十兄》。

〔二〕語出韓愈《和侯協律咏笋》。

〔三〕語出《容齋五筆》卷七『騫騫二字義訓』條。

嘵譊之辨

嘵，音囂。《詩》：『予維音嘵嘵。』恐懼告愬意。俗讀鐃，用作多言意，非。鐃音當从言，譊譊，争言也。《揚子》：『譊譊之學，各習其師。』皮日休詩：『譊譊何必頻相仍。』東坡詩：『多言譊譊師所呵。』作『呶』亦可。《詩》：『載號載呶。』柳河東《答韋中立書》云：『豈可使呶呶者，早暮咈吾耳，騷吾心？』〔一〕

【校箋】

〔一〕嘵：因恐懼而發出的叫聲。譊：争辯聲，喧噪聲。

量移

詞人作賀陞任箋啓，用『量移』字。前人曾辨其非，而近時《日知録》言之甚悉，曰：『唐朝人得罪貶竄遠方，遇赦改近地，謂之量移。《舊唐書・元宗紀》：開元二十年，「十一月庚午，祀后土於脽（音誰）上，大赦天下，左降官量移近處」。二十七年，「二月己巳，加尊號，大赦天下，左降官量移近處」。量移字，始見於此。李白《贈京兆韋參軍量移東陽》詩云：「潮水還歸海，流人却到吴。相逢問愁苦，泪盡日南珠。」白居易貶江州司馬《自題》云：「一旦失恩先左降，三年隨例未量移（量讀平聲）。」及遷忠州刺史，又云：「流落多年應是命，量移遠郡未成官。」故韓愈自潮州刺史量移袁州，有「遇赦移官罪未除」之句。而《宋史》盧多遜貶崖州，詔曰：「縱經大赦，不在量移之限。」〔一〕今人乃稱遷職爲量移，誤矣。』〔二〕玉案，柳子厚集《送薛判官量移》《送南涪（音浮）州量移澧州》二序中，有『謫吏』『優詔』『近地』『漸顯』等語，不特太白、樂天諸人詩可徵也。

【校箋】

〔一〕語出《宋史·盧多遜傳》。

〔二〕語出《日知録》卷三二『量移』條。

朝請

朝請，音靚。漢律：春朝曰朝，秋曰請。二字《史》《漢》甚多，并音才姓反。然昌黎《秋懷》詩：『塵埃慵伺（音試）候，文字浪馳騁。尚須勉其頑，王事有朝請。』東坡《送程建用》詩：『會看金花詔，湯沐奉朝請。天公不吾欺，壽與龜鶴永。』皆作上聲用，似與《史》《漢》音注不合。後閱《野客叢書》，乃知其故。曰：『今呼朝請郎、奉朝請，并作上聲。僕考《漢書》，朝請其説有二：一説漢律諸侯春朝於天子曰朝，秋曰請。此合從去聲，如「竇嬰不得朝請」〔一〕、「王陵竟不朝請」〔二〕之類，師古注：「才姓反。」又一説奉朝請，無定員，本不爲官位。東京罷省三公、外戚、皇室、諸侯，多奉朝

請。奉朝請云者，奉朝會請召而已。故韓退之、東坡詩并作上聲押，是也。』〔三〕

【校箋】

〔一〕《漢書·竇田灌韓傳》：『太后除嬰門籍，不得朝請。』

〔二〕《史記·陳丞相世家》：『吕太后怒，乃詳遷陵爲帝太傅，實不用陵。陵怒，謝疾免，杜門竟不朝請，七年而卒。』

〔三〕語出《野客叢書》卷一一『朝請』條。

受釐

釐，一音禧，與『禧』同。《史》《漢》『禧』皆作『釐』，如『祠官祝釐』〔一〕、『宣音暄，說詳第七卷室受釐』〔二〕之類，注謂祭祀福胙也。宋錢忱伯之妻瀛國夫人，正肅公孫女也。紹興初，隨其姑長公主，入謝欽聖向后於禁中。先有戚里婦數人在焉，俱從后步過受釐殿。同行者皆仰視，讀『釐』爲『離』。夫人笑於旁曰：『受禧也。』蓋取『宣室受釐』之義耳。后喜，回顧主曰：『好人家男女，終是别。』

【校箋】

〔一〕《漢書·文帝紀》：「今吾聞祠官祝釐，皆歸福於朕躬，不爲百姓，朕甚愧之。」師古曰：「釐，本字作禧，假借用耳。」

〔二〕《漢書·賈誼傳》：「後歲餘，文帝思誼，徵之。至，入見，上方受釐，坐宣室。」師古曰：「禧，福也。借釐字爲之耳，言受神之福也。」

消渴

《史》《漢》《相如傳》：「口吃音吉而善著書，常有消渴疾。」消，謂消中之疾。杜詩「消中日伏枕」「消中得自由」是也。《素問》云：「多食數溲曰消中。」〔一〕即消渴也。《後漢·李通傳》：「素有消疾。」此即相如渴疾，俗用作消解其渴意，與「解酲」一例。如方秋崖《楊梅詩》「并與文園消午渴，不禁越女蹙春山」之類，謬也。少陵詩慣用「消渴」字，「新亭舉目風景切，茂陵著書消渴長」「飄零仍百里，消渴已三年」「消渴今如此，提携愧老夫」。〔二〕觀其屬對，可益明其義矣。消渴本雙叠字，俗誤爲消其渴意。此與第一卷所言「落魄」之弊正同。

【校箋】

〔一〕《黄帝内經素問》卷一一《腹中論篇第四十》：『多飲數溲謂之熱中，多食數溲謂之消中。』

〔二〕以上分别出自杜甫《十二月一日三首》《秋日夔府咏懷奉寄鄭監李賓客一百韵》《别蘇徯》。

消痟之别

《野客叢書》云：『《周官·疾醫》：「四時皆有癘疾，春時有痟首疾。」鄭注：「痟，酸削也。」司馬相如消渴，則所謂消中之疾也。痟首、消中，二疾既异，而其字亦自不同。後人往往不辯，指爲一疾，鮮有别之者。後漢李通素有消疾〔二〕，此正如相如渴疾也。太子賢注：「消中之疾。」是已。乃復引《周官》爲證，是以消中、痟首爲一義。以至《玉篇》《唐韵》之類，皆以消爲痟疾，惟《禮部韵》「痟」字下注：「酸痟頭痛。」是爲得之。張孟《押韵》注：「酸痟頭痛。又消渴。」雖明知二疾爲不同，是認二字爲一體矣。』〔二〕王説如此。李義山詩：『末至誰能賦，中乾欲病痟。』〔三〕以消中爲痟首，亦承此弊。

【校箋】

〔一〕《後漢書·李通傳》：『通布衣唱義，助成大業，重以寧平公主故，特見親重。然性謙恭，常欲避權埶。素有消疾。』

〔二〕語出《野客叢書》卷一二『痟消二義』條。

〔三〕語出李商隱《送從翁從東川弘農尚書幕》。

雌黄

今謂譏議人曰雌黄，非也。古人寫字用黄紙，故以雌黄滅誤，以其色相類也。顔之推曰：『讀天下書未遍，不得妄下雌黄。』〔一〕謂不得以己意擅改書中之字，如金銀車之類是也。晋王衍善談論，錯舉經籍，輒隨口改易，聽者不覺，故謂之『口中雌黄』。以其改易字句，如口中塗滅更定，非以其譏議也。

【校箋】

〔一〕《顔氏家訓》卷三《勉學第八》：『觀天下書未遍，不得妄下雌黄。』

遷鶯

《小雅》：『伐木丁丁，鳥鳴嚶嚶。出自幽谷，遷於喬木。』〔一〕《劉賓客嘉話録》〔二〕曰：『《伐木》詩，并無鶯字。頃試《早鶯求友》及《鶯出谷》詩，别無證據，豈非誤歟？』〔三〕又《東皋雜録》曰：『鄭箋云：「嚶嚶，鳥聲。」正文與注皆未嘗及黄鳥。白樂天作《六帖》，始類鶯門中。又作詩每用之，其後多祖述之也。』玉案，楊楨詩『軒樹已遷鶯』，蘇味道詩『遷鶯遠聽聞』，皆在樂天前，則誤不自白帖始也。洪駒父謂《禽經》稱『鶯鳴嚶嚶』，要是後人附合。予案，義山詩亦慣用『遷鶯』字，如『悔逐遷鶯伴，誰觀擇虱時』『朝滿遷鶯侶，門多吐鳳才』『舊居連上苑，時節正遷鶯』之類。

【校箋】

〔一〕語出《詩經·小雅·伐木》。

〔二〕《劉賓客嘉話録》爲唐韋絢所撰，『劉賓客』即劉禹錫，因他曾官至太子賓客，故名。

〔三〕語出唐韋絢《劉賓客嘉話録》卷三。

折桂

郄詵對策東堂，爲天下第一，曰：『臣猶桂林一枝，崑山片玉。』〔一〕後世遂以『登科』爲『折桂』，如杜詩『夢蘭他日應，折桂早年知』，白樂天詩『桂折因同樹，鶯〔二〕遷各异年』，又『桂折一枝先許我，楊穿三葉盡驚人』，温飛卿詩『猶喜故人先折桂，自憐羈客尚飄蓬』之類，已屬假借。俗更以月中有桂樹，謂之蟾宫桂，以登科爲登蟾宫。展轉傅會，博雅之士所勿道也。杜詩『禮闈曾擢桂，憲府舊乘驄』，孟襄陽詩『桂枝如已擢，早逐雁南飛』。『折』改爲『擢』，與郄語本指便合。

【校箋】

〔一〕《晋書·郄詵傳》：『武帝於東堂會送，問詵曰：「卿自以爲何如？」詵對曰：「臣舉賢良對策，爲天下第一，猶桂林之一枝，崑山之片玉。」』

〔二〕按，此『鶯』字，《湖海樓叢書》本如上作，康熙五十八年刊本、《昭代叢書》本、《四庫全書》本均作「鷪」。「鷪」乃「鶯」的俗字。

檃栝

檃栝，正木器。揉曲者曰檃，正方者曰栝。栝从木，本作桰，今作括，俗以此二字爲包括意用，非。《説苑》：『東郭憲問於子貢曰：「夫子之門，何其雜也？」子貢曰：「檃栝之旁多枉木。」』〔一〕《家語》：『外寬而内正，自拯於檃栝之中。蘧伯玉之行也。』〔二〕《荀子》：『枸木必將待檃栝烝矯然後直。』〔三〕二字見處甚多。

【校箋】

〔一〕語出《説苑》卷一七《雜言》。

〔二〕《孔子家語》卷三《弟子行第十二》：『外寬而内正，自極於隱括之中。』

〔三〕語出《荀子》卷一七《性惡篇第二十三》。

卷六

斷章

俗讀斷章，如『論斷』之『斷』，心謂其非。近見《夢溪筆談》，亦曾辨之。乃知字音紕繆，古今一轍也。其言曰：『古人引《詩》，多舉《詩》之斷章。斷音段，讀如「斷截」之「斷」。謂[一]如一詩之中，衹斷取一章，或一二句取義，不全取全篇之義，故謂之斷章。今之人多讀爲斷章，斷音鍛，殊誤也。』[二] 此説先得我心，惜其未疏明『斷章』二字出處耳。《左·襄二十八年》盧蒲癸曰：『宗不余辟，余獨焉辟之？賦《詩》斷章，余取所求焉。惡識宗？』杜注：『言已苟欲有求於慶氏，不能復顧禮。去聲 譬如賦《詩》者，取其一章而已。』陸德明曰：『斷，音短。』玉案，字書：『凡物自然判絶，則團上聲，又去聲。截之使斷，音短。』然則斷章又應讀上聲，爲短音也。

【校箋】

〔一〕按，此『謂』字，《訂訛雜録》各版本均作『所謂』。索之文義，似有不妥。考《叢書集成初編》本《夢溪補筆談》，正作『謂』。今據以訂正。

〔二〕語出宋沈括《夢溪補筆談》卷一《辨證》。

雍州

『雍州』之『雍』，去聲，與『雍和』平聲不同。《左傳》『雍』字凡屬地名，陸德明必音『於用反』。孟浩然詩：『縣城南面漢江流，江嶂開成南雍州。』沈亞之詩：『何處春暉好，偏宜在雍州。』李義山詩：『離思羈愁日欲晡，東周西雍此分途。』〔一〕東坡詩：『聊興廣武嘆，不待雍門彈。』朱文公詩：『從知爽鳩樂，莫作雍門哀。』又并州，音冰。元遺山詩：『後夜相思渺何許，西山西畔是并州。』

【校箋】

〔一〕《四部叢刊初編》本李義山詩《次陝州先寄源從事》：『離思羈愁日欲晡，東周西雍此分塗。』

樂翁

晋衛玠娶樂廣女，裴叔道曰：『妻父有冰清之姿，婿有玉潤之望，所爲秦晋之匹也。』後世稱婦翁爲樂翁，本此。猶稱叔曰大阮、侄曰小阮之類。後訛作岳，因傅會其説，謂泰岳有丈人峰，故稱岳父。又稱泰山歐陽公云：『今人呼妻父爲岳公，以泰山有丈人峰。又呼妻母爲泰水，不知出何書也。』〔一〕豈知丈人爲長老通稱去聲，非必外舅也。且以丈人名山，不獨泰岱。黄帝時，封青城山爲五岳丈人，故少陵有《丈人山》詩。《雜俎》載唐明皇東封，以張説爲封禪使，及已三品以下，皆轉一品。説以婿鄭鎰官九品，因説遷五品。元宗怪而問之，鎰不能對。黄番綽對曰：『泰山之力也。』此因封泰山而得官，故云然。并非以泰山爲外舅，後世或因此而傳訛，亦未可知。

【校箋】

〔一〕語出歐陽修《歸田録》。

丈人

妻之父爲外舅，母爲外姑，見《爾雅》《釋名》諸書。世以外舅爲丈人，雖非泰山丈人峰之謂，然其來亦久。《三國志》裴松之（元嘉時人）注，『獻帝舅車騎將軍董』句下謂：『古無丈人之名，故謂之舅。』〔一〕柳子厚《與外舅楊憑書》：『丈人以文律通流當世。』又曰：『丈人旦夕歸朝廷，復（去聲）爲大僚。』又《祭楊憑文》：『子婿謹以清酌庶羞之奠，昭祭於丈人之靈。』陳後山《送外舅》詩：『丈人東南英。』今人與外舅詩文中，罕用之矣。子厚集更有《祭獨孤氏丈母文》，丈母之稱，尤爲近俗。

【校箋】

〔一〕《三國志·蜀書·先主傳》：『先主未出時，獻帝舅車騎將軍董承辭受帝衣帶中密詔，當誅曹公。』裴松之注云：『董承，漢靈帝母董太后之侄，於獻帝爲丈人。蓋古無丈人之名，故謂之舅也。』

令弟

古人自稱弟妹曰令，若出今人，當作一笑。謝靈運《酬從弟惠連》詩：『末路值（音釋）令弟，開顔披心胸。』杜少陵《乘雨入行軍六弟宅》詩：『令弟雄軍佐，凡才汚〔一〕省（去聲）郎。』《送從弟亞（去聲）赴河西判官》詩：『令弟草中來，蒼然請論（平聲）事。』《送鄉弟韶》詩：『令弟尚爲蒼水使，名家莫出杜陵人。』李頎《放歌行答從弟异卿》云：『吾家令弟才不羈，五言破的人共推。』陶淵明《祭程氏妹》云：『咨爾令妹，有德有操。』

【校箋】

〔一〕按，此『汚』字，《湖海樓叢書》本如上作，康熙五十八年刊本、《昭代叢書》本、《四庫全書》本作『汙』。『汙』與『汚』同。《正字通·水部》：『汙，汚、汙、洿同。本作汚。《玉篇》从亏者古文，从于者今文。』

夫君

古人稱友曰『夫君』。孟浩然《游精思觀迴[一]王白雲在後》詩云：『衡門猶未掩，佇立望夫君。』李義山《雨中送趙滂不及》詩云：『秋水緑蕪終盡分，夫君太騁錦障泥。』皮日休《送蟹與魯望》詩云：『病中無用霜螯音翱處，寄與夫君左手持。』又《懷茅山廣文南陽博士》詩云：『誰道夫君無伴侣，不離窗下見羲皇。』昌黎《祭李使君文》：『美夫君之爲政，不橈音鬧志於讒構。』此類甚多，一時不盡記憶也。案，此二字本自通稱。《九歌》『思夫君兮太息』，指雲中君也。『思夫君兮未來』，指湘君也。世俗但知婦目所天用耳。

【校箋】

〔一〕按，此『迴』字，《訂訛雜録》各版本寫法有差別，《湖海樓叢書》本、《四庫全書》本如上作，康熙五十八年刊本作『廻』，《昭代叢書》本作『回』。事實上，在迴旋義上，三者用法相同。

縣官

漢時稱天子曰『縣官』。《東平王傳》：『縣官年少。』《霍光傳》：『縣官非我家將軍，不得至是。』《後漢·劉盆子傳》：『當爲縣官，何故爲賊？』此類甚多。若《平準書》『衣食皆仰去聲給縣官』〔一〕、《貴粟論》『使天下入粟縣官』〔二〕之類，此不指天子言。

【校箋】

〔一〕語出《史記·平準書》。

〔二〕《漢書·食貨志上》：『陛下幸使天下入粟塞下以拜爵，甚大惠也。』

道人

唐宋人詩稱僧多曰『道人』，人或不曉其故。葉石林《避暑録》云：『晋宋間，佛學初行，其徒猶未有僧稱（去聲），通曰道人。』〔一〕玉案，《世説》：『竺法深在簡文座，劉尹問：「道人何以游朱門？」答曰：「君自見其朱門，貧道如游蓬户。」』〔二〕又：『支道林常養數匹馬，或言道人畜馬不韵。支曰：「貧道重其神駿。」』〔三〕人稱曰『道人』，自稱曰『貧道』。今世惟羽流如此，不以施之比丘。

【校箋】

〔一〕以上語出宋葉夢得《避暑録話》卷下。

〔二〕語出《世説新語·言語第二》。

〔三〕語出《世説新語·言語第二》。

三 鱣

《後漢·楊震傳》：『有冠雀銜三鱣魚，飛集講堂前。都講取魚進曰：「蛇鱣者（與蛇連類言，自應作去聲），卿大夫服之象也。數三者，法三台也。先生自此升矣。」』注云：『冠，音貫。即鸛雀也。鱣，音善。似蛇。一作鱓。卿大夫之服象也。郭璞云：「鱣魚長二三丈，音知然反。」』玉案，此即「鱣鮪」之「鱣」，江東呼爲黄魚。少陵詩所謂「頓頓食黄魚」〔一〕、「脂膏兼飼犬，長大不容身」〔二〕者是也。今謂之鱘鰉魚。安有鸛雀能勝二三丈乎？此其爲鱓明矣。』太子賢説如此。予歷覽古今辨證書，均謂三鱣應讀鱓，世俗平聲用者誤，蓋遵《後漢》注音也。然少陵《秋日夔府咏懷寄鄭監李賓客百韵》詩：『敕厨惟一味，求飽或三鱣。』押入先韵，則讀爲專音，亦未可盡非。吴曾《漫録》曰：『以《楊震碑》考之，則云：「貽我三魚，以辨懿德。稱鱓未必得其真也。」』〔三〕

【校箋】

〔一〕見杜甫《戲作俳諧體遣悶二首》詩。

〔二〕杜甫《黄魚》：『日見巴東峽，黄魚出浪新。脂膏兼飼犬，長大不容身。』

〔三〕見宋吴曾《能改齋漫録》卷四『鱣鱣皆不得真』條。

六　經

《史·儒林傳》：『申公獨以《詩經》爲訓以教。』楊用修曰：『六藝以經稱，始於《禮記·經解》，再見於此。』予案，《禮記》『經解』二字，係後人名篇。夫子語中，并無『經』字，蓋夫子時未以經名也。又《莊子·天運篇》：『孔子謂老聃曰：「丘治平聲《詩》《書》《禮》《樂》《易》《春秋》六經，自以爲久矣，孰知其故矣，以奸（音干）者七十二君。」又曰：「夫六經，先王之陳迹也。」』夫子已自稱經，然此莊周寓言，不可爲據。

有味其言

《漢·鄭當時傳》：『其推轂士及官屬丞史，誠有味其言也。』師古曰：『推轂，言薦舉人，如車轂之運轉也。有味者，其言甚美也。』今人引用作『有味乎其言之』，增一『乎』字、『之』字，便失其解。

不得名一錢

《漢·鄧通傳》：『没入，通家尚負責數鉅萬。長公主賜鄧通，吏輒隨没入之，一簪不得著身。於是長公主乃令假衣食，竟不得名一錢，寄死人家。』師古曰：『公主給其衣食也，而號曰假借之耳，非通自有也。恐吏没入，故托云然。此所謂不得名一錢也。』今人作文，譬人淡於貨利，輒曰『生平不名一錢』。若王夷甫口不言錢故事，〔一〕豈非錯解。即或用爲一錢不有意，與本指無悖。然係不祥語，安得以此謂人？

【校箋】

〔一〕典出《世説新語・規箴第十》。

曉人不當如是耶

《漢・薛廣德傳》：『元帝酹〔一〕祭宗廟，出便門，欲御樓船，廣德請從橋，且曰：「陛下不聽臣，臣自刎，以血污車輪，陛下不得入廟矣！」上不悦。張猛曰：「臣聞主聖臣直。乘船危，乘橋安，聖主不乘危，御史言可聽。」上曰：「曉人不當如是耶！」』本謂以言曉喻人者，當如猛之和婉（音苑），正以廣德之言爲戇激也。今俗引用，以曉人爲通曉道理之人，則失其解矣。此正與第一卷所言誤用『索解人不得』句同。又《容齋四筆》曰：『元帝之語，本是褒（音包）嘉之詞，猶云獨不當如是耶。今乃指人引喻非理，或直述其私，曰「曉人不當如是」。』〔二〕

【校箋】

〔一〕按，此『酻』字，《湖海樓叢書》本作『酎』。『酻』指用酒灑地表示祭奠，『酎』指經過多次反復釀成的醇酒。從文義求之，作『酻』是也。據康熙五十八年刊本、《昭代叢書》本、《四庫全書》本及《漢書》改。

〔二〕見《容齋四筆》卷九『用史語之失』條。

宴爾誕彌

經傳中事實，多有轉相祖述而用，初不考其訓故者。如《邶·谷風》之詩，爲淫新昏、弃舊室而作。其詞曰：『宴爾新昏，以我御窮。』宴，安也。言安愛爾之新昏，但以我御窮苦之時，至於富貴則弃之。今人乃以初昏爲宴爾，非唯於詩意不合，且又再娶事，豈堪用也？《生民》之詩曰：『誕彌厥月。』毛公曰：『誕，大也。彌，終也。』鄭箋言：『后稷之在其母，終人道十月而生。』案，訓彌爲終，其義亦未易曉。至『俾爾彌爾性，似先公遒矣』，既釋彌爲終，又曰酋終也，頗涉煩複。《生民》凡有八『誕』字，『誕置之隘巷』『誕置之平林』『誕置之寒冰』『誕實匍匐』『誕后稷之穡』『誕降嘉種』

『誕我祀如何』。若悉以『誕』爲大，於義亦不通。它如『誕先登於岸』之類，新安朱氏以爲發語之辭，是已。莆田鄭氏云：『彌，止訓滿，謂滿此月耳。』今稱聖節曰聖誕，曰誕節，人相稱曰誕日、誕辰、慶誕，皆爲不然。但承習膠固，無由可革。雖東坡公亦云『仰止誕彌之慶』，未能免俗。書之於此，使子弟後生輩知之。〔一〕說見《容齋隨筆》。

【校箋】

〔一〕按，以上胡氏節録自《容齋五筆》卷八『承習用經語誤』條。

王瓜生

《記·月令》：『孟夏之月，王瓜生，苦菜秀。』王瓜，草名，非瓜也。故自來類書，未有以此誤隸瓜門者。《禮記集説》〔二〕云：『此記巳月之候。「王瓜」，注云：「萆扶歷反挈。」《本草》作『菝步末反葜』，音同。謂之瓜者，以根之似也，亦可釀酒。朱氏曰：「王瓜色赤，感火之色而生；苦菜味苦，感火之味而成。」』〔二〕玉曾見辨證書，謂西瓜至五代始入中國。《文選》『浮甘瓜於清泉』〔三〕，蓋指王瓜、甜瓜之類。欲證甘瓜之非西瓜，而以草名爲瓜，其謬不更甚乎？

【校箋】

〔一〕《禮記集説》：此處指元陳澔所著《禮記集説》，共十卷。另，宋衛湜亦著有《禮記集説》，共一百六十卷。

〔二〕見《禮記集説》卷三。

〔三〕魏文帝《與朝歌令吴質書》：『馳騁北場，旅食南館。浮甘瓜於清泉，沈朱李於寒水。』

雙鯉魚

漢世書札相遺（去聲），多以絹素叠成雙魚之形。古詩云：『尺素如霜雪，叠成雙鯉魚。要知心裏事，看取腹中書。』〔一〕此明徵也。後人因《漢書·陳勝傳》云：『乃丹書帛曰「陳勝王」，置人所罾魚腹中，卒買魚烹食，得書』云云。又因沈約《宋書·符瑞志》曰：『黄帝之世……魚流於海，得圖、書焉。』遂謂古人真於魚腹中寄書，可笑其愚。凡詩人言書問往來，必曰魚雁，皆假托之言耳。若認爲真魚，蘇武上林雁足之帛[二]，豈爲實事乎？

【校箋】

〔一〕按，此爲古樂府詩。又唐李冶《結素魚貽友人》：『尺素如殘雪，結爲雙鯉魚。欲知心裏事，看取腹中書。』

〔二〕《漢書·李廣蘇建傳》：『教使者謂單于，言天子射上林中，得雁，足有係帛書，言武等在某澤中。』

狡獪

《老學庵續筆記》云：『王方平曰：「吾子不戲作狡獪事。」蓋古語謂戲爲狡獪，《列异傳》云「北地傳書，小女折花作鼠以狡獪」是也。今閩人謂兒戲爲狡頑，蓋本於此。或以奸猾爲狡獪，則失之。』玉案，《世説》：『袁彦伯作《名士傳》成，見謝公。公笑曰：「我嘗與諸人道江北事，特作狡獪耳。」彦伯遂以箸《世説》『著』皆作『箸』，説見第三卷。書。』[一] 古人謂戲爲狡獪，觀此益信。

【校箋】

〔一〕語出《世説新語・文學第四》。

爛漫

今人目物之燦爛者曰爛熳，非也。案，字書無『熳』字，止合作爛漫，淋漓衆多也。如杜、韓詩，『爛漫倒家釀』『衆雛爛漫睡』『爛漫通經術』『爛漫忽無次』『爛漫堆衆皺』『爛漫長醉多文辭』之類，不可殫述也。凡古人詩文集『爛漫』作『熳』，并係後人傳寫之訛。《莊子・在宥篇》有『性命爛漫』語〔一〕，此二字之非佳可知。〔二〕

【校箋】

〔一〕《莊子・在宥》：『大德不同，而性命爛漫矣。』

〔二〕按，『《莊子・在宥》』至『非佳可知』數語，康熙五十八年刊本、《四庫全書》本缺。

開元錢

後人以開元錢爲唐明皇朝始鑄之，非也。《日知録》云：『自宋以後，皆先有年號，而後有錢文。唐之開元，則先有錢文而後有年號。《舊唐書·食貨志》曰：「武德高祖年號四年，鑄開元通寶錢，徑八分，重二銖音殊四絫，積十錢重一兩。」又曰：「開元錢之文，給事中歐陽詢制詞及書，時稱其工。其字含八分及隸體，其詞先上後下、次左後右讀之。自上及左迴環讀之，其義亦通，流俗謂之開通元寶錢。」馬永卿曰：「開元通寶，蓋唐二百八十九年獨鑄此錢，雒、并平聲、幽、桂等處皆置監，故開元錢如此之多，而明皇紀號偶相合耳。」』〔一〕玉案，此唐時止鑄開元通寶錢，特迴環其文，讀之曰『開通元寶』耳。《畫墁録》謂：『高祖武德初，鑄開通元寶錢，亦曰開元通寶錢。』其説非是，而後世耳食者，遂據此爲辨證之資。謂唐時止有開通元寶錢，而後人讀爲開元通寶者誤，豈《唐書·食貨志》反不足據耶？又《野客叢書》云：『開元錢，鑄於累朝，所以至今尚多。』〔二〕《容齋隨筆》亦嘗言之。

【校箋】

〔一〕按，以上引文語出《日知録集釋》卷一一『開元錢』條。

〔二〕語出《野客叢書》卷八『開元乾元二錢』條。

一抔土

《野客叢書》云：『駱賓王《代李敬業檄》斥武后云：「一抔之土未乾，六尺之孤安在？」一抔土字，正用《前漢書》張釋之所謂「盜長陵一抔土」〔一〕事。據注，步侯切，乃裒音。今人不曉者，讀爲「杯盞」之「杯」。僕觀《歐陽行周集》，有「或掬一杯土焉，或翦一枝材焉」，劉禹錫詩「血污城西一杯土」去聲。歐陽詢《藝文類聚》於「杯門」編入「長陵一抔土事」，是知明以「抔」字爲「杯盞」字用矣。僕又考之古詞中，有以酒杯作抔土字押者，如《隴西行》是也。因知古人嘗以此二字通用。』〔二〕勉夫辨證洞徹源流，大率類此。予見今人有用作『一坏土』者，此失考之故〔三〕。

【校箋】

〔一〕《漢書・張馮汲鄭傳》：『今盗宗廟器而族之，有如萬分一，假令愚民取長陵一抔土，陛下且何以加其法乎？』

〔二〕語出《野客叢書》卷一七『一抔土事』條。

〔三〕按，『失考之故』數字，康熙五十八年刊本、《四庫全書》本作『不學之故』。

一介行李

一介，音箇。《左・襄八年》：『亦不使一介行李，告於寡君。』注：『一介，獨使也。行李，行人也。』陸德明曰：『介，古賀反。』行李，亦作行理。《昭・十三年》：『行理之命，無月不至。』《國語》：『周之《秩官》有之曰：「敵國賓至，關尹以告，行理以節逆之。」』後世以行裝爲行李，《嬾真子録》《墨客揮犀音西》，皆言其非。《秦誓》『如有一介臣』，《大學》引作『一个臣』，則『一介行李』應讀『一个行李』無疑也。古人音釋，精當如是。

槃礴

《莊子·田子方篇》：『畫史解衣槃（亦作盤）礴臝。』槃礴，箕踞也。臝，與裸同。今或引用作『解衣磅礴』，非。截去『臝』字，亦失本指。

萱堂

『今人稱母爲北堂萱，蓋祖《毛詩·伯兮》詩：「焉得諼草，言樹之背。」注：「諼草，令人忘憂。背，北堂也。」其意謂君子爲王前驅，過時不返，家人思念之切，安得諼草，種於北堂，以忘其憂。蓋北堂幽陰之地，可以種萱。初未嘗言母也，不知何以遂相承爲母事，借謂北堂幽陰之地。則凡婦人皆可以言北堂矣，何獨母哉？』〔一〕說本《野客叢書》。予案，《儀禮·士昏禮》：『婦洗在北堂。』或因此訛以北堂屬婦人，然於母事終無涉也。

【校箋】

〔一〕語出《野客叢書》卷一〇『萱堂桑梓』條。

高唐神女夢

古今詞人多以巫山雲雨之夢屬之楚襄王，其實非也。宋玉《高唐賦》所謂『昔者先王嘗游高唐，怠而晝寢，夢見一婦人曰：「妾，巫山之女，願薦枕席，旦〔一〕爲行雲，暮爲行雨，朝朝暮暮，陽臺之下叶户。」』云云，則始之夢神女者爲懷王。《神女賦》所謂『楚襄王與宋玉游雲夢，使玉賦高唐之事。其夜玉寢，夢與神女遇，其狀甚麗，玉异之。明日以白王，王曰：「其夢若何？」』云云，則繼之夢神女者爲宋玉，襄王元未嘗夢也。《文選》刻本，舊於《神女賦》『其夜玉寢』及『玉异之』『玉對曰：「晡夕之後。」』『玉曰：「茂矣！美矣！」』諸處『玉』字，皆訛作『王』。『於明日以白王』『王曰：「其夢若何？」』『王曰：「狀如何也？」』，諸處『王』字，皆訛作『玉』，所以謂之襄王夢耳。『明日以白王』作『白玉』，既無以君白臣之理，且於下文『王曰：「若此盛矣，試爲寡人賦之。」』處，文理不通。檢閱元本，應自知之。《容齋隨筆》亦謂：『襄王既使玉賦高唐之事，其夜王寢，夢與神女遇。則是王父子皆與此女荒淫，近於聚麀之醜矣。』〔二〕後人譏其失言，蓋神女之夢，寓言諷主，不特不得誤屬襄王，即懷王、宋玉之夢，亦本子虛烏有。杜少陵詩『雲雨荒臺豈夢思』、李義山詩『襄王枕上元無夢，莫枉陽臺一片雲』是也。

【校箋】

〔一〕按，此『旦』字，《湖海樓叢書》本書作『且』。從文義求之，『且』乃『旦』之誤梓，據康熙五十八年刊本改。

〔二〕語出《容齋三筆》卷二『高唐神女賦』條。

款識

《漢·郊祀志》：『鼎大异於衆鼎，文鏤無款識。』又張敞上議曰：『今此鼎細小，又有款識，不宜薦於宗廟。』師古曰：『款，刻也。識，記也，音式志反。』《史·封禪書》注，韋昭曰：『款，刻也。』《索隱》曰：『識，猶表識。』周夢暘〔一〕

云：『《博古圖》：古器俱有款識，款謂陰字，是凹入者；識謂陽字，是凸出者。款在外，識在内。夏器有款有識，商器無款有識。識，音志。』今人讀款識，如『見識』之『識』，已謬。而又有以器物形象爲款制者，尤謬。

【校箋】

〔一〕按，此『瘍』字，《湖海樓叢書》本、《昭代叢書》本作『陽』，康熙五十八年刊本、《四庫全書》本作『暘』，據後者改。

食酒

《漢·于定國傳》：『定國食酒，至數石不亂。』如淳曰：『食酒，猶言喜酒也。』師古曰：『食酒，謂能多飲酒，費盡其酒，猶云食言。』玉案，柳河東《序飲》云：『予病痞，不能食酒，至是醉焉。』本之《漢書》。宋邱昶《賓朋宴語》亦有『臣聞食酒極好，不假藥餌，足以安心神』之語。王勉夫曰：『如淳謂喜酒，固已無謂，師古又引食言之食，可笑其迂也。《論語》：「沽酒市脯，不食。」此言食酒，雖因脯而并言，然酒之言食，亦不可謂無所祖矣。』又曰：『漢斛雖小，安有一人飲至數石之理？足見其妄。』〔一〕又王元美曰：『食酒能多飲，費盡之也。蘇子《赤壁賦》真本，書末用食字韵出此。』玉檢蘇帖，果然今本作『我與子之所共適』。

【校箋】

〔一〕以上出自宋王楙（字勉夫）《野客叢書》卷二一『食酒』條。

文移字様

屢見辨證書言世俗〔一〕於文移〔二〕中用字之訛，如『槍刀』之『槍』作『鎗』音撐，鼎屬、『卓倚』作『棹椅』、『足彀』爲『足勾』之類，不可枚舉。予謂莫甚於誤『價直』爲『價值』音稺、『侵占』爲『侵佔』音沾也。

【校箋】

〔一〕按，此『世俗』二字，《昭代叢書》本、《湖海樓叢書》本如是作，康熙五十八年刊本、

《四庫全書》本作『俗吏』。

〔二〕文移：公文，文書。

洵

洵，音荀，信也。本平聲字，今之作詩者用作仄聲，觸目皆是。與第三卷所言『纍纍讀壘壘』〔一〕之誤同。此固淺近字音，不足置辨，因俗多誤呼，聊一及之。

【校箋】

〔一〕見本書卷三『纍纍』條。

處州

王勉夫曰：『《聞見録》謂德宗立議改括州，適處士星應括州分（去聲）野，遂改爲處州。合上聲呼，呼去聲，非也。《容齋隨筆》謂：「嚴州本名睦州，宣和中，以方寇改嚴州，蓋取嚴陵灘之意。子陵乃莊氏，避帝諱，以莊爲嚴，合爲莊州。」』〔一〕

【校箋】

〔一〕按，本條節録自《野客叢書》卷九『古人避諱』條。

卷七

逃禪

少陵《飲中八仙歌》：『蘇晉長齋綉佛前，醉中往往愛逃禪。』逃禪，猶云逃墨、逃楊。是逃而出，非逃而入。王嗣奭[一]云：『醉酒而悖其教，故曰逃禪。後人以學佛者爲逃禪，誤矣。』玉案，東坡《老饕賦》：『美人告去，已而雲散，先生方兀（温入聲）然而禪逃。』『逃禪』作『禪逃』，益信王説爲不誣。若爲學佛解，應曰『安禪』。杜詩亦有之，《登惠義寺》云：『誰能解金印，瀟灑共安禪。』

【校箋】

〔一〕王嗣奭：字右仲，號于越，明代文學家。撰有《杜臆》一書，對杜詩意旨頗有闡發。

齊魯論之名始於漢

《漢・藝文志》：『《論平聲語》者，孔子應答弟子、時人及弟子相與言而接聞於夫子之語也。當時弟子各有所記，夫子既卒，門人相與輯而論篹師古曰與「撰」同，故謂之《論語》。漢興，有齊、魯之說。傳齊論者，昌邑中尉王吉諸人；傳魯論者，常山都尉龔奮諸人。』洪文敏謂，魯《論語》，魯人所傳；齊《論語》者，齊人所傳是也止此一《論語》，特所傳不同耳。此猶齊《詩》、韓《詩》、毛《詩》、戴《禮》之類，各以顓門之學名其書也。舊聞一老宿云：『夫子魯人，故號魯論。』果如其說，將何以處齊論乎？

八股文緣起

今之八股文，或謂始於王荆公，或謂始於明太祖，皆非也。案，《宋史》熙寧〔一〕四年，罷詩賦及明經諸科，以經義、論、策試進士。〔二〕命中書撰大義式頒行。〔三〕所謂經大義，即今時文之祖。然初未定八股格，即明初百餘年，亦未有八股之名。故今日所見先輩八股文，成化以前，若天順、景泰、正統、宣德、洪熙、永樂、建文、洪武百年中，無一篇傳也。《日知録》云：『經義之文，流俗謂之八股，蓋始於成化以後。股者，對偶之名也。天順以前，經義之文不過敷演傳注，或對或散，初無定式，其單句題亦甚少。成化二十三年會試，「樂天者保天下」文，起講先提三句，即講「樂天」四股，中間過接四句，復講「保天下」四股，復收四句，再作大結。弘治九年會試，「責難於君謂之恭」文，起講先提三句，即講「責難於君」四股，中間過接二句，復講「謂之恭」四股，復收二句，再作大結。每四股之中，一反一正，一虛一實，一淺一深。其兩扇立格，則每扇之中各有四股，其次第之法亦復如之。故今人相傳謂之八股，若長題則不拘此。嘉靖以後，文體日變，而問之儒生，皆不知八股之何謂矣。』〔四〕

【校箋】

〔一〕按，此『熙寧』二字，康熙五十八年刊本、《昭代叢書》本、《湖海樓叢書》本均如是作，《四庫全書》本作『寧熙』。『熙寧』乃宋神宗趙頊的年號，『寧熙』當是倒誤，非是。

〔二〕《宋史・神宗本紀》：『二月丁巳朔，罷詩賦及明經諸科，以經義、論、策試進士。』

〔三〕《宋史・選舉志一》：『中書撰大義式頒行。試義者須通經、有文采乃爲中格，不但如明經墨義粗解章句而已。』

〔四〕按，以上語出顧炎武《日知録》卷一六『試文格式』條。

戊音茂

『戊己』之『戊』，音茂，俗誤讀務。昌黎《南山詩》：『藩都配德運，分宅占丁戊。逍遥越坤位，詆訐〔一〕陷乾竇。』《書·洛誥》：『戊辰，王在新宅。』《召誥》：『越三日戊申。』《泰誓》：『惟戊午，王次於河朔。』傳并音茂。展卷即見，今之習《尚書》者，其誰遵之？《容齋隨筆》云：『「戊」字，與「茂」同音。俗呼爲「務」，非也。吴中術者又呼爲「武」。偶閲《舊五代史》，梁開平元年，司天監上言日辰，内「戊」字請改爲「武」，乃知有所自也。朱温父名誠，以「戊」類「成」字，故司天諂之耳。』〔二〕

【校箋】

〔一〕按，此『訐』字，康熙五十八年刊本、《昭代叢書》本、《湖海樓叢書》本如是作，《四庫全書》本作『許』。作『許』字非也，乃『訐』之誤。

〔二〕按，以上語出《容齋續筆》卷六『戊爲武』條。

洗馬

洗馬，秦官，漢亦曰洗馬。太子出，則當直者前驅，導威儀也。流俗誤意爲洗濯之義。如杜詩所云『晚涼看洗馬』[一]者，非也。《日知録》有此一條，援（音袁）引甚博，詳録於此，云：『《越語》：「句踐身親夫差前馬。」《韓非子》云：「爲吴王洗馬。」洗，音銑。《淮南子》云：「爲吴兵先馬走（當作吴王）。」《荀子》：「天子出門，諸侯持輪、挾輿、先馬。」賈誼《新書》：「楚懷王無道，而欲有霸王之號，鑄金人以象諸侯人君，令大國之君編而洗馬。梁王御，宋王驂乘，滕、薛、衛、中山之君隨而趨。」然則洗馬者，馬前引導之人也。亦有稱馬洗者。《六韜》：「賞及牛豎、馬洗、廄養之徒。」《漢書·百官表》：「太子太傅、少傅屬官有先馬。」張晏曰：「先馬員十六人，秩比謁者。先或作洗。」又考《周禮》齊右職云：「凡有牲事，則前馬。」注：「王見牲則拱而式，居馬前却行，備驚奔也。」又道右職云：「王式，則下前馬。」是此官古有之矣。《莊子》：「黄帝將見大隗乎具茨之山，張若謵朋前馬。」』[二]

【校箋】

〔一〕杜甫《與任城許主簿游南池》：『晚涼看洗馬，森木亂鳴蟬。』

〔二〕按，以上語出《日知録》卷二四『洗馬』條。

健訟之誤

《容齋隨筆》云：『破句讀書之誤，根著於人，殆不可復正。在《易·訟卦》曰：「訟，上剛下險。險而健，訟。」以「健」字爲絶句，乃及於「訟」，始係以訟。童蒙入學之初，其師點句，輒混於上，遂以「健訟」相連。凡謂頑民好訟者曰「嚚訟」、曰「終訟」可也。黄魯直《江西道院賦》云：「細民險而健，以終訟爲能，筠獨不嚚於訟。」是已。』〔一〕玉案，『險而健訟』與《蒙卦》之『險而止蒙』、《隨卦》之『動而説隨』、《蠱卦》之『巽而止蠱』一例，諸卦未嘗誤讀，豈獨誤於訟也？此非讀書破句之過，乃流俗割裂截取之弊。如《韵府》於『送』韵中收『健訟』二字，謂本於《周易》。是也。至以好訟爲嚚，於訟亦未安。口不道忠信之言曰嚚。訟，争辨也。自是二項，《尚書傳》可證也。

【校箋】

〔一〕按，以上文字，胡氏節引自《容齋四筆》卷九『健訟之誤』條。

築長城非始於秦皇

後人謂長城之築，始於秦皇。予考《史、漢·匈奴傳》，隴西北地上郡長城，秦築之[昭王]。陰山高闕長城，趙築之。造陽襄平長城，燕築之。後秦滅六國，而始皇使蒙恬將十萬之衆北擊，悉收河南地。因河爲塞，築四十四縣城臨河。徙適戍以充之，而通直道自九原至雲陽。因邊山險、塹溪谷，可繕者治之，起臨洮，至遼東，萬餘里。〔一〕然則長城之築，在始皇前已非一日。萬里之名，特起於始皇耳。

《日知録》謂：『古時中國多有長城，不但北邊。』博引群書，若齊、若魏、若韓、若楚、若趙與中山，皆鑿然可據。〔二〕

【校箋】

〔一〕按，以上文字胡氏節引自《史記·匈奴列傳》《漢書·匈奴傳》。

〔二〕語出顧炎武《日知録》卷三一『長城』條。

今韵非沈約本

誤以今世所傳《詩韵》爲沈約所撰，其來已久。如元黄公紹《七音考》、周德清《中原音韵》、宋濂《洪武正韵》之類，無不極詆約《韵》爲江左偏音，不足爲據。不知約所撰《四聲》一卷，久矣無存。近毛大可氏謂，今世所用，乃宋淳祐間江北平水劉淵所撰，爲《平水韵》，非沈《韵》也。而邵子湘氏謂，并非劉氏之舊，乃元時陰氏兄弟所著。其言較毛氏尤爲詳晰，備録於此，以資博雅之覽。曰：『今韵宗梁沈約氏，夫人而言之，而約所撰《四聲》一卷，久已亡。繼之者，隋陸法言氏，而法言所撰《四聲切韵》亦亡。嗣是有唐孫愐氏，而愐所撰《唐韵》五卷，今亦亡。今宋元韵之存者，略可指數。《廣韵》，宋祥符間所修也。《集韵》，宋景祐間奉敕修也。《禮部韵略》，宋時列之學官不作宫者也。毛晃氏，仍《禮韵》而增益之者也。平水劉淵氏，仍《禮韵》而通并其部分者也。元黄公紹氏作《韵會》，仍劉韵而廣其箋注者也。三家者，遞有增字，字浸以多。《禮部韵》初裁九千五百九十字，至《韵會》乃有一萬二千六百字矣，然尚不足當《集韵》四之一。最後有陰氏兄弟著《韵府》〔一〕，乃大加刊看平聲削，僅存八千八百廿字。又不專主劉韵，頗多遺漏。顧明初至今用之，學者或尊之爲沈

《韵》，或指之爲《平水韵》，皆是書也。今韵非沈《韵》不待言，校劉《韵》少三千字，則今韵之非劉《韵》，較（音角）然易辨。而世儒罕見劉氏元本，乃承訛襲舛，三百餘年相習而不察，可怪也。』

【校箋】

〔一〕《韵府》：此處指《韵府群玉》，爲韵書之一種，宋代陰時夫在其父陰應夢的指導下編寫而成。清代康熙年間，張玉書等人奉旨編寫的《佩文韵府》將《韵府群玉》全部收録。

裝潢

《西溪叢語》云：『唐秘書省有裝潢匠六人。潢，《集韵》音胡曠切（光上聲）。《釋名》：「染紙也。」《齊民要術》有裝潢紙法，又漫汁入潢，凡潢紙，滅〔一〕白便是，染則年久易暗，蓋染黄也。後有「雌黄治書法」云：「潢訖治者佳，先治，入潢則軟。」《要術》，後魏賈思勰撰，則古用黄紙寫書久也。寫訖入潢，辟蠹也。今惟釋藏經如此，先寫後潢。』〔二〕又歐陽公言，秘閣初爲太宗藏書之府，并以黄綾裝潢，謂之太清本。潢猶池也，外加緣（去聲），則内爲池，裝成卷册謂之裝潢。一説不同。《嬾真子録》云：

『裝潢恐是表背匠，然謂之潢，其義未詳。』〔三〕馬氏蓋未之深考耳。

【校箋】

〔一〕按，此『滅』字，《訂訛雜録》各版本均作『減』，非是，今據《西溪叢語》正。

〔二〕以上語出《西溪叢語》卷下《熟紙匠裝潢匠》。

〔三〕語出宋馬永卿《嬾真子録》卷一。

大采朝日

『大采朝（音潮）日，少采夕月』，語出《魯國語》。古者旦見曰朝，暮見曰夕。《記·玉藻》：『天子黑冕玄端而朝日於東門之外。』〔一〕《漢·賈誼傳》：『春朝朝日，秋夕夕月。』〔二〕朝日、夕月，本皆活字。流俗不明『夕』是朝見之名，因誤讀朝日爲昭。唐時有祀朝日之制，柳子厚作《朝日説》，深辨讀昭音且加祀字之謬。

【校箋】

〔一〕《禮記·玉藻》：『玄端而朝日於東門之外，聽朔於南門之外。』

〔二〕《漢書·賈誼傳》：『三代之禮：春朝朝日，秋暮夕月，所以明有敬也。』

長年

杜工部《撥悶》詩云：『長上聲年三老遥憐汝，捩柂開頭捷有神。』蔡注云：『峽中以篙師爲長年，柂[一]工爲三老。』邵注云：『三老，捩柂者。長年，開頭者。』又《夔州歌絶句》云：『長年三老長歌裏，白晝攤錢高浪中。』又《最能行》云：『歸州長年行最能。』[二]陶南村[三]《輟耕録》有此一條，但止引『長年三老長歌裏』爲證，而訛『長歌』爲『歌聲』，且引《古今詩話》謂『川峽以篙手爲三老』。[四]與蔡、邵二説不合[五]。

【校箋】

〔一〕柂：同『舵』。

〔二〕杜甫《最能行》：『瞿塘漫天虎鬚怒，歸州長年行最能。』

〔三〕陶南村：元末明初人陶宗儀，字九成，號南村，著有《南村輟耕録》，又名《輟耕録》。

〔四〕語出《南村輟耕録》卷八《寫山水訣》。

〔五〕按，此『合』字，康熙五十八年刊本、《昭代叢書》本、《湖海樓叢書》本均如是作，《四庫全書》本作『同』。

渭陽

《詩》：『我送舅氏，曰至渭陽。我送舅氏，悠悠我思。』〔一〕《序》以爲時康公之母穆姬已卒，故穆公送其舅而念母之不見也。今人言生（與甥同）舅事，輒曰『渭陽』。母亡則可，若母在而稱之，是死其母也，不祥孰甚焉。《資暇録》云：『徵舅氏事，必用「渭陽」，前輩名公往往亦然。兹失於識，豈可輕相承耶？審《詩序》，當悟不可徵用矣。是以齊楊愔幼時，其舅源子恭問讀《詩》至《渭陽》未，愔便〔二〕號泣，子恭亦對之欷歔。』〔三〕

【校箋】

〔一〕語出《詩經·秦風·渭陽》。

〔二〕按，此『便』字，《學海類編》本《資暇集》及《訂訛雜録》康熙五十八年刊本、《昭代叢書》本、《四庫全書》本均如上作，《湖海樓叢書》本作『更』。從文義求之，作『便』是也，據改。

〔三〕語出唐李匡乂《資暇集》卷上『渭陽』條。

容易否則

世俗語言，有割裂成文，沿用既久，不覺其非者。如《漢·東方朔傳》：『吴王曰：「先生可以談矣。」先生曰：「談何容易！」』何容，猶言豈可也。『容』字不連『易』字讀。《後漢·何進傳》：『國家之事，亦何容易！覆音福水不收，宜深思之。』觀此益信。後人輒曰『容易』，非也。《尚書·無逸》：『相小人，厥父母勤勞稼穡，厥子乃不知稼穡之艱難，乃逸乃諺，既誕，否則侮厥父母曰：「昔之人無聞知。」』『否』字斷句，『則侮厥父母曰』六字自爲一句。故蔡傳云『不然，則又訕侮其父母』云云也。下文『否則厥心違怨』『否則厥口詛祝音咒』皆然。今以『否則』二字爲句，似未協〔一〕。

【校箋】

〔一〕按，上『似未協』三字，《昭代叢書》本、《湖海樓叢書》本如是作，康熙五十八年刊本、《四庫全書》本作『亦非也』。

乘 查

『乘槎應作查至天河，得織女支機石。歸問成都嚴君平，曰：「某時客星犯斗牛，即此人也。」』此係海客事，見《博物志》。〔一〕案，《漢·張騫傳》及《西域傳》并不言『博望乘槎』。自宗懔《荆楚歲時記》訛爲張騫張、嚴不同時，安得相見？可笑其妄。雖少陵大家，亦承襲用之。如『乘槎有漢臣』『槎上似張騫』『奉使虚乘八月槎』『乘槎斷消息，無處覓張騫』之類。東坡有《次韵陳海州乘槎亭》〔二〕詩，無一字謬涉張騫，真卓識也。

【校箋】

〔一〕按，以上内容見自晉張華《博物志》卷三。

〔二〕蘇軾《次韵陳海州乘槎亭》：『人事無涯生有涯，逝將歸釣漢江槎。乘桴我欲從安石，遁世誰能識子嗟。日上紅波浮碧巘，潮來白浪捲青沙。清談美景雙奇絶，不覺歸鞍帶月華。』

白首爲郎非馮唐事

白首爲郎，是顔駟事。古今詞人屬之馮唐，少陵詩亦踵此弊。如『馮唐毛髮白，歸興日蕭蕭』『垂〔一〕白馮唐老，清秋宋玉悲』之類，此與以乘查爲張騫事同一誤也。案，《史·馮唐傳》：『唐以孝著，爲中郎署長，事文帝。文帝輦連上聲過，問唐曰：「父老何自爲郎？」』云云。并無白首字。《野客叢書》云：『《漢武故事》載顔駟一事，甚與馮唐同，曰：上至郎署，見一老郎，鬢眉皓白，問何其老也。對曰：「臣姓顔名駟，以文帝時爲郎。文帝好文，而臣好武；景帝好老，而臣尚少；陛下好少，而臣已老。是以三葉不遇。」上感其言，擢爲會稽都尉。然人往往以此事爲馮唐事用，如《白氏六帖》

曰：「漢文帝時，馮唐白首爲郎。帝問之，對曰：「臣三朝不遇。」樂天詩亦曰：「重文疏卜式，尚少弃馮唐。」[二] 楊巨源詩曰：「此地含香從白首，馮唐何事怨明時？」[三] 劉孝標《辨命論》曰：「賈大夫沮志於長沙，馮都尉皓髮於郎署。」左太冲《咏史詩》曰：「馮唐豈不偉，白首不見招。」皆有白首不遇之説。是以顔駟事爲馮唐用也。東坡詩曰：「是爲先帝白首郎。」[四] 李注亦引馮唐之事。如此甚多，諸詩誤引，承襲而然。《白帖》云云，尤爲可笑。』[五]

【校箋】

〔一〕按，此『垂』字，康熙五十八年刊本、《湖海樓叢書》本如是作，《四庫全書》本作『乘』。作『垂』是也，『乘』乃『垂』的誤梓。

〔二〕語出白居易《渭村退居，寄禮部崔侍郎、翰林錢舍人詩一百韵》。

〔三〕語出楊巨源《同太常尉遲博士闕下待漏》。

〔四〕蘇東坡《贈寫御容妙善師》：『爾來摹寫亦到我，謂是先帝白髮郎。不須覽鏡坐自了，明年乞身歸故鄉。』

〔五〕以上語出《野客叢書》卷五『顔駟事與馮唐同』條。

葷腥之辨

流俗不明葷（音熏）腥之辨，每逢祭祀，輒斷腥羶，謂之食素。至於酒醴之設，在所不禁，大非也。魚肉謂腥，臭菜謂葷，葱韭〔一〕蒜薤之屬皆是。祭祀之齋，與酒同禁之者。恐以昏濁之物，亂其專一之誠耳。偶閱《鼠璞》一書，已曾言之。云（宋戴埴著）：「《東坡年譜》載：程、蘇當致齋，厨稟造食葷素，蘇令（平聲）辨葷，程令辨素。蘇謂致齋在心，豈拘葷素，爲劉者左袒。時館中附蘇者令辨葷，附程者令辨素。予謂不然，齋之禁葷見於法令。乃禁五辛，慮耗散人之氣，間其精誠，與禁飲酒、聽樂、嗜欲、悲哀同，欲其致一之妙，通於神明耳。二公未免以葷爲魚肉，徒有是非之辨。《莊子》載顔回不飲酒，不茹葷。謂祭祀之齋是也。」〔二〕

【校箋】

〔一〕按，此「韭」字，康熙五十八年刊本、《昭代叢書》本、《湖海樓叢書》本均如是作，《四庫全書》本作「酒」。從文意求之，作「韭」是也。

〔二〕語出宋戴埴《鼠璞》『程蘇争致齋』條。

不諱字

古人諱名不諱字，故於祖父師長之字，直指而不以爲斥。《中庸》仲尼曰：『仲尼祖述堯舜。』孫稱祖字也。《離騷》：『朕皇考曰伯庸。』子稱父字也。《論語》：『仲尼，日月也。』『對曰：「子夏曰……」』之類。弟稱師字也。朱子曰：『古人未嘗諱字。程先生云：「予十四五，從周茂叔。」本朝先輩尚如此，伊川亦嘗呼明道字。』〔一〕《日知録》云：『字爲臣子所得而稱，故周公追王其祖曰王季，王而兼字。』〔二〕

【校箋】

〔一〕語出《朱子語類》卷六三《中庸二》。

〔二〕語出《日知録》卷二三『子孫稱祖父字』條。

湯餅

生兒三日會客，名曰湯餅。東坡《賀陳述古弟章生子》詩：『甚欲去爲湯餅客，却愁錯寫弄獐書。』向疑湯餅是二物，如何對得弄璋？近閲《倦游録》〔一〕宋張師正著云：『今人呼煮麵爲湯餅，唐人呼饅頭爲籠餅。』因知湯餅者，乃湯之餅，是一物，非二物也。益信古人對偶之精。此與第二卷所言義山詩，以『射覆』對『送鈎』同。

【校箋】

〔一〕《倦游録》：又稱《倦游雜録》，文言逸事小説，仿照《容齋隨筆》而作。

同姓爲昏

禮：娶妻不娶同姓。然余觀古人氏族之辨，溯流尋源，或同姓而非一族，或异姓而實爲同族。即以王氏論，一曰琅邪，二曰太原，三曰京兆，所出不同。《野客叢書》云：『曹子建作《王仲宣誄》

口：「流裔畢萬，末胄稱王。厥姓斯氏，條分葉散。世滋芳烈，揚聲秦漢。」呂向注：「秦有王翦、王離，漢有五侯。」按，王粲係畢萬高之後，畢萬封於魏，後十代，文侯始列爲侯，至孫稱惠王，因之王爲氏。而秦之翦、離，自周太子晋之後；漢之五侯，自齊田和之後。此三派元不相干，注引爲一，誤矣。故新莽以姚、嬀、陳、王、田五姓爲宗室玉案，莽自謂虞舜後，以五姓皆舜裔爾。，且禁元城王氏，勿與四姓爲婚，而已自取王訢之女。魏東萊王基爲子納太原王沈女，皆不以爲嫌，蓋知此也。』〔一〕玉又案，少陵《寄族弟唐十八使君》詩：『與君陶唐後，盛族多其人。聖賢冠史籍，枝派羅源津。』是杜與唐爲兄弟也。《重送劉十弟判官》詩：『分源豕韋派，別浦雁賓秋。年事推兄忝，人才覺弟優。』是杜與劉又兄弟也。昌黎《送何堅序》：『何與韓同姓爲近。』《容齋三筆》引孫愐《唐韵》：『韓滅，子孫分散江、淮間，因以韓爲何，字隨音變，遂爲何氏。』〔二〕异姓稱族，今人豈能辨此？締姻但避同姓，而不知或蹈『瀆倫』之愆矣。

【校箋】

〔一〕按，以上出自宋王楙《野客叢書》卷八『誤引畢萬後』條。

〔二〕語出《容齋三筆》卷五『何韓同姓』條。

報聞罷

今人以落第爲報罷，不詳所出。《漢·東方朔傳》：『其不足采者，輒報聞罷。』師古曰：『報云天子已聞其所上上聲之書，而罷之令平聲歸。』又《梅福傳》：『詣行在所條對急政，輒報罷。』〔一〕

【校箋】

〔一〕《漢書·楊胡朱梅云傳》『詣行在所條對急政』下師古注曰：『條對者，一一條録而對之。』

半菽

《漢·項羽傳》：『今歲饑民貧，卒食半菽，軍無見糧。』注臣瓚曰：『士卒食蔬菜，以菽雜半之。』〔一〕

【校箋】

〔一〕《漢書·陳勝項籍傳》「軍無見糧」下師古注曰：「無見在之糧。」

漫與

杜少陵《水檻遺心》詩云：「老去詩篇渾漫與。」〔一〕今本梓作「漫興」。考舊刻劉會孟本、千家注本，皆作「漫與」。趙次公云：「耽佳句而語驚人，言其平昔如此，今老矣，所爲詩則漫與而已，無復著意於驚人也。」《劉後村集》跋陳教授杜詩補注亦云「或信漫與」云云。王介甫詩：「粉墨空多真漫與。」東坡詩：「袖手焚筆硯，清篇真漫與。」〔二〕皆可相證。又杜集有絶句《漫興九首》，《韵府》亦引作「漫與」。

【校箋】

〔一〕杜甫《江上值水如海勢聊短述》：「爲人性僻耽佳句，語不驚人死不休。老去詩篇渾漫與，春來花鳥莫深愁。」

〔二〕語出蘇軾《次韵表兄程正輔江行見桃花》。

宣室

宣室有二，殷宣室在朝歌。《史·龜策傳》：『武王圍紂象郎，自殺宣室。』〔一〕徐廣曰：『天子之居，名曰宣室。』《淮南子》云：『武王甲卒三千，破紂牧野，殺之宣室。』注曰：『殷宫名，一曰獄也。』音如『宣帝』『宣王』之『宣』。漢未央殿前有温室、宣室，音如『負暄』之『暄』見《集韵》。名同而音异，《三輔黄圖》謂漢之宣室取殷舊名，非也。

【校箋】

〔一〕《史記·龜策列傳》：『戰於牧野，破之華山之陽。紂不勝敗而還走，圍之象郎，自殺宣室。』

裋褐

揚雄《方言》：『自關而西，以襜褕短者謂之裋。』《漢·貢禹傳》：『穅豆不贍，裋褐不完。』《叙傳》：『思有裋褐之褻，儋石之畜。』〔一〕師古并音豎，謂僮豎所著布長襦也。又《史·秦紀》：『寒者利短褐。』《索隱》曰：『褐布豎裁，爲勞役之衣，短而且狹，故謂之短褐，亦曰豎褐。』《孟嘗君傳》：『士不得短褐。』《索隱》音豎。案，此二則正文并作『短』。注或作豎，音豎。故杜詩直用作『長短』之『短』，如『賜浴皆長纓，與宴非短褐』『短褐風霜入，還丹日月遲』『江湖漂短褐，霜雪滿飛蓬』『諸生舊短褐，旅泛一浮萍』之類。董彦遠〔二〕、洪慶善〔三〕皆辨古無『短褐』字。《史·孟嘗君傳》諸處，係後世傳寫之訛，至唐儒方兩用之，未知然否。曾見一辨證書云：『近得古本杜詩，「短褐風霜入」諸處，「短」皆作「裋」，乃知今本之訛。』予謂『裋褐』『短褐』雖皆本之《史》《漢》，不妨通用。然如杜詩所云，斷宜作『短』，非『裋』也。觀其屬對，應自知之。

【校箋】

〔一〕語出《漢書·叙傳》。

〔二〕董彦遠：董逌，北宋人，字彦遠。

〔三〕洪慶善：洪興祖，北宋人，字慶善。

卷八

郢削

《莊子·徐無鬼》：『莊子送葬，過惠子之墓，顧謂從者曰：「郢人堊漫其鼻端（音避），若蠅翼，使匠石斫之。匠石運斤成風，聽而斫之，盡堊而鼻不傷，郢人立不失容。」』觀此，則堊鼻者，郢人也；斫削者，匠石也。今人曰郢削、郢正、郢斤，是以匠石之斫屬之郢人，大非。杜詩：『脱略磻溪釣，操持郢匠斤。』〔一〕帶匠字説便不妨，此與《夢溪筆談》所辨『郢歌』〔二〕之誤同。

【校箋】

〔一〕語出杜甫《奉贈鮮于京兆二十韵》。

〔二〕按，胡氏所謂『郢歌』條，乃出自《夢溪筆談》卷五《樂律一》。其言云：『世稱善歌者，皆曰「郢人」。郢州至今有白雪樓，此乃因宋玉問曰：「客有歌於郢中者，其始曰下里巴人，次爲陽阿薤露，又爲陽春白雪，引商刻羽，雜以流徵。」遂謂郢人善歌，殊不考其義。其曰「客有歌於郢中者」，則歌者非郢人也。其曰「下里巴人，國中屬而和者數千人；陽阿薤露，和者數百人；陽春白雪，和者不過數十人；引商刻羽，雜以流徵，則和者不過數人而已」。』

舉案齊眉

屢見辨證書謂『舉案』之『案』，乃古『椀』字，本於《後漢·梁鴻傳》注。予檢《鴻傳》，無此説，何也？楊用修謂盤屬，近之。《玉篇》云：『案，几屬。又食器。』〔一〕歷觀載籍，并以『案』對『杯』言。《鹽鐵論》：『良民文杯畫案。』〔二〕《神仙傳》：『金案玉杯，人皆醉飽。』《東觀記》：『杯案食物，大小重疊。』《曹操別傳》：『魏大爲人佻，至以頭没杯案中。』則舉案之爲舉盤，無疑也。顧舉案而必與眉齊，今人罕究其義。《鴻傳》云：『至吴，依大家皋伯通，居廡音武下，爲人賃舂。每歸，妻爲具食，不敢於鴻前仰視，舉案齊眉。』則『舉案齊眉』四字，正形其不敢仰視耳。若作几案，於理不通。至以夫婦偕老者爲齊眉，此尤俚俗假借可笑處，不足辨也。又《漢書·霍后傳》：『親奉案上食，以婦道共養。』《東觀記》：『魏霸妻奉案前跪。』皆可相證。

【校箋】

〔一〕按，《玉篇·木部》：『案，几屬也。食器也。』

〔二〕語出《鹽鐵論》卷五《國病第二十八》。

袠

古者以十年爲一袠。白樂天詩：『已開第七秩，飽食仍安眠。』〔一〕又云：『年開第七秩，屈指幾多人。』〔二〕是時年六十二，元日詩。又云：『行開第八秩，可謂盡天年。』〔三〕自注：『時俗謂七十已上，爲開第八秩。』案此，自六十一至七十，俱可稱七袠；自七十一至八十，俱可稱八袠。司馬温公作《慶文潞公八十會》，致語云『歲歷行看九帙新』是也。後世祝七十壽曰開七袠，八十壽曰開八袠，非是。近見一書謂《禮》年八十而有秩，故稱八十爲八袠，六十、七十不得稱袠，其説尤非。袠、秩、帙〔四〕三字通用。

【校箋】

〔一〕語出白居易《思舊》。

〔二〕語出白居易《七年元日對酒五首》。

〔三〕語出白居易《喜老自嘲》。

〔四〕袠：同『帙』。《説文·巾部》：『帙，書衣也。袠，帙或从衣。』又表示十年，此義也作『秩』。

六經用字

六經之道同歸，旨意未嘗不一，而用字則有不同者。如『佑』『祐』『右』三字一也，而在《書》爲『佑』，在《易》爲『祐』，在《詩》爲『右』。『惟』『維』『唯』一也，而在《書》爲『惟』，在《詩》爲『維』，在《易》爲『唯』，《左傳》亦然。又如《易》之『无』字，《周禮》之『灋』『眡』〔一〕『虀』『鱻』『盠』『臯』『斆』『臬』『斞』『縜』『簭』〔二〕等字，他經皆不然。今人書『无妄』『无咎』，多作『無』，失之矣。洪文敏之言如此。〔三〕玉幼時聞一老宿云：『流俗於《四書》引詩題，如「止于丘隅」「魚躍于淵」類，「于」字或任意寫作「於」，大非。以「三百篇」止有「于」字，無「於」字也。』余始信其説，及後細檢《毛詩》而知其非。蓋如言『至於漕』『俟我於城隅』，作『於』字處，正復不少也。「于」「於」二字，音本不同。于，羽俱切，音盂。於，央居切，音淤。人多混讀。

【校箋】

〔一〕按，此『眂』字，《湖海樓叢書》本、《四庫全書》本如此作，康熙五十八年刊本、《昭代叢書》本作『眂』。『眂』『眂』均是看視之義。

〔二〕按，此『簭』字，康熙五十八年刊本、《昭代叢書》本、《湖海樓叢書》本如此作，《四庫全書》本作『筮』。『簭』乃『筮』的訛字。顧炎武《日知録》卷二五『巫咸作筮』原注：『《周禮·簭人》：「九簭之名，一曰巫更，二曰巫咸。」』

〔三〕洪文敏：洪邁，謚『文敏』。又按，上『六經之道同歸』至『多作「無」，失之矣』一段，本出自《容齋三筆》卷一〇『六經用字』條。

周禮奇字

制義中有寫『美』爲『媺』者，流俗不知，或誤讀『微』。案，《周禮》『美』字皆作『媺』，無作『美』者。他如『艱』爲『囏』，『吹』爲『龡』，『法』爲『灋』，并屬《周禮》字。洪文敏曾摘出示人，曰：『六經用字，固亦間〔一〕有奇古者，然惟《周禮》一書獨多。予謂前賢以爲此書出於劉歆，歆常從揚子雲學作奇字，故用以入經。如「法」爲「灋」、「柄」爲「枋」、「邪」爲「衺」、「美」爲「媺」、「呼」爲「嘑」、「拜」爲「𢷎」〔二〕、「韶」爲「磬」、「怪」爲「傀」、「暴」爲「虣」、「擉」爲「簎」、「風」爲「飌」、「鮮」爲「鱻」、「槁」爲「薧」、「螺」爲「蠃」、「脾」爲「癰」、「魚」爲「𢿌」、「埋」爲「貍」、「吹」爲「龡」、「陔」爲「祴」〔三〕、「暗」爲「韽」、「柝」爲「欜」、「探」爲「撢」、「翅」爲「翨」、「摘」爲「𢭏」、「駭」爲「𩦲」、「擊」爲「𩍿」、「辜」爲「棒」、「掬」爲「䕘」、「冪」爲「幎」、「藻」爲「繅」、「吳」爲「㕦」、「叩」爲「敂」、「艱」爲「囏」、「魅」爲「彪」，與夫「庮」「䗪」「胖」「鱐」「齍」「眡」「劀」「酏」「㮚」「鼜」「箈」「鬻」「柶」「綴」「䪥」「嬰」「槷」「輮」之類，皆他經鮮用。予前已書之，而不詳悉。若《考工記》之字，又不可勝載也。』〔四〕

【校箋】

〔一〕按，此『閒』字，康熙五十八年刊本、《湖海樓叢書》本如此作，《昭代叢書》本缺，《四庫全書》本作『間』。

〔二〕按，『攃』字，《湖海樓叢書》本如此作，康熙五十八年刊本、《昭代叢書》本、《四庫全書》本均作『攃』。

〔三〕按，此『祴』字，康熙五十八年刊本、《昭代叢書》本、《湖海樓叢書》本均如此作，《四庫全書》本作『祴』。

〔四〕按，以上語出洪邁《容齋隨筆》卷一五『《周禮》奇字』條。

烏鬼

《野客叢書》云：『老杜詩「家家養烏鬼」〔一〕玉案，《續筆談》曰：「養，讀從去聲。」，説者不一。嬾真子〔二〕以爲猪，蔡寬夫〔三〕以爲烏野七神，《冷齋夜話》〔四〕以爲烏蠻鬼，沈存中《筆談》、《緗素雜記》、《漁隱叢話》、陸農師《埤雅》以爲鸊鷉，四説不同。惟《冷齋》之説爲有據。觀《唐書·南蠻傳》：「俗尚巫鬼，大部落有大鬼主，百家則置小鬼主。一姓白蠻，五姓烏蠻。所謂烏蠻，則婦人衣黑繒；白蠻，婦人衣白繒。」〔五〕又以驗《冷齋》之説。劉禹錫《南中》詩亦曰：「淫〔六〕祀多青鬼，居人少白頭。」又有所謂「青鬼」之説。蓋廣南州峽諸蠻之流風，故當時有「青鬼」「烏鬼」等名。杜詩以「黄魚」玉案，黄魚即今之鱘鰉魚，俗以石首魚爲黄魚，非。對「烏鬼」，知其爲烏蠻鬼也。審矣！然觀元微之〔七〕詩曰：「鄉味尤珍蛤，家神悉事烏。」又曰：「病賽烏稱鬼，巫占瓦代龜。」〔八〕注：「南人染病，競賽烏鬼。」此説又似不同。據《南蠻傳》，「烏」即「烏黑」之「烏」。而元詩以「蛤」對「烏」，則以爲「烏鴉」之「烏」。』〔九〕玉案，《續筆談》謂：『夔峽居人，相率十百爲曹，設牲酒於田間，衆操兵仗，群噪而祭，謂之「養鬼」。言烏蠻戰殤，多與人爲厲，每歲以此禳之。』〔一〇〕此説與《冷齋》合，與初説鸊鷉不同。

【校箋】

〔一〕按，杜甫《戲作俳諧體遣悶》：『家家養烏鬼，頓頓食黄魚。』

〔二〕嬾真子：葛立方，南宋詩論家、詞人。字常之，自號『嬾真子』。

〔三〕蔡寬夫：蔡居厚，北宋臨川（今江西撫州）人，字寬夫。

〔四〕《冷齋夜話》：古代詩論著作，共十卷，北宋僧人惠洪著。

〔五〕語出《新唐書·南蠻列傳》。

〔六〕按，此『淫』字，《昭代叢書》本、《湖海樓叢書》本如上作，康熙五十八年刊本、《四庫全書》本作『滛』。『滛』乃『淫』的訛字，《五經文字·水部》：『淫，久雨曰淫。作滛，訛。』

〔七〕元微之：元稹，字微之。

〔八〕語出元稹《酬翰林白學士代書一百韵》。

〔九〕按，以上出自《野客叢書》卷二六『烏鬼』條。

〔一〇〕按，語出宋沈括《夢溪續筆談》第十一篇。

杏壇

今夫子廟庭中有壇，石刻曰『杏壇』。《闕里志》〔一〕：『杏壇在殿前，夫子舊居。』非也。杏壇之名，出自《莊子》。《莊子》曰：『孔子游乎緇帷之林，坐乎杏壇之上。弟子讀書，孔子弦歌鼓琴。奏曲未半，有漁父者下船而來，鬚眉交白，被髮揄袂，行原以上，距陸而止。左手據膝，右手持頤，以聽曲終。』又曰：『孔子乃下求之，至於澤畔。方將杖拏而引其船，顧見孔子，還鄉而立，孔子反走，再拜而進。』又曰：『客乃刺音戚船而去，延緣葦間。顔淵還車，子路授綏，孔子不顧。待水波定，不聞拏音，而後敢乘。』〔二〕司馬彪曰：『緇帷，黑林名也。杏壇，澤中高處也。』《莊子》書，凡述孔子，皆是寓言。漁父不必有其人，杏壇不必有其地，即有之，亦在水上葦間，依陂音卑旁渚之地，不在魯國之中也。明矣！今之『杏壇』，乃宋乾興間四十五代孫道輔增修祖廟，移大廟於後，因以講堂舊基甃石爲壇，環植以杏，取『杏壇』之名名之耳。説本《日知録》。〔三〕

【校箋】

〔一〕《闕里志》：明陳鎬撰，主要記述了禮樂、祀典、孔子生平、歷代碑記、墓志等，是一部研究孔子及儒家的重要史料。

〔二〕以上三段引文，均出自《莊子》卷一〇《漁父》。

〔三〕語出顧炎武《日知録》卷三一『杏壇』條。

帶礪

今人以『如帶如礪』，爲開國鴻規、河山鞏固意，非也。《史〔一〕、漢〔二〕·功臣表》封爵之誓曰：『使黄河如帶（《史記》無『黄』字。），泰山如厲（礪同），國以永寧，爰（音袁）及苗裔。』應劭曰：『封爵之誓，國家欲使功臣傳祚無窮也。帶，衣帶。厲，砥（音止）厲石也。河當何時如衣帶？山當何時如厲石？言如帶厲，國猶永存，以及後世子孫也。』〔三〕

【校箋】

〔一〕《史記·高祖功臣侯者年表》：『使河如帶，泰山若厲，國以永寧，爰及苗裔。』

〔二〕《漢書·高帝紀》：『使河如帶，泰山若厲，國乃滅絶。』

〔三〕應劭注曰：『封爵之誓，國家欲使功臣傳祚無窮。帶，衣帶也；厲，砥石也。河當何時如衣帶？山當何時如厲石？言如帶厲，國乃絶耳。』

執牛耳

『盟用牛耳，卑者執之，尊者涖之。鄟澤之盟，衛侯請執牛耳。發陽之役，衛石魋；蒙之盟，魯孟武伯：皆小國執牛耳。惟鄫衍之役，吴以大國執之，不合盟禮，故孟彘不從。』〔一〕今以執牛耳爲主盟者，非是。說見《池北偶談》。予案，《周禮·戎右》：『贊牛耳桃茢。』鄭司農云：『贊牛耳，《春秋傳》所謂執牛耳者，盟割牛耳，盛以珠盤，尸盟者執之。』又注：『牛耳無竅，盟於神，故以不聽爲戒也。』《孫公談圃》云：『王荆公解《周禮》，言「取其順聽」。不知牛有耳而無竅，本以鼻音避聽。或牽一牛示之，公曰「然」。』〔二〕

【校箋】

〔一〕以上引文語出王士禛《池北偶談》卷一四《談藝四》『牛耳』條。

〔二〕宋孫升述、劉延世録《孫公談圃》：『公曰：「荆公三經，學者以謂如何？」余曰：「荆公學尤邃於理，非後生所易知。故學者又爲穿鑿，所謂秦有司負秦法度也。然荆公亦有所失，如《周官》

言「贊牛耳」，荆公言「取其順聽」。不知牛有耳而無竅，本以鼻聽。……昔曾有人引一牛，與荆公辯之……公曰「然」。』

何恙不已

《容齋隨筆》云：『公孫弘爲丞相，以病歸印。上報曰：「君不幸罹霜露之疾，何恙不已？」顔師古注：「恙，憂也。何憂於疾不止也。」〔一〕《禮部韻略》訓恙字，亦曰憂也。初無訓病之義，蓋既云罹疾矣，不應復(去聲)云病，師古之説最爲明白。而世俗相承，問人病爲貴恙，謂輕者微恙，心疾爲心恙，風疾爲風恙，根著已深，無由可改。』〔二〕玉案，《石奮傳》：『萬石君尚無恙。』注云：『恙，憂病也。』〔三〕《賈誼傳》：『令此六七公者，皆無恙。』注云：『無恙，言無憂病也。』〔四〕《國策》：『歲亦無恙耶。』注亦云：『恙，憂也。』〔五〕二字見處甚多，總無一作『病』字解者，近世字書亦能辨之。

【校箋】

〔一〕按，以上節引自《漢書・公孫弘卜式兒寬傳》。

〔二〕按，以上語出洪邁《容齋五筆》卷九『何恙不已』條。

〔三〕《漢書·萬石衛直周張傳》：『建老白首，萬石君尚無恙。』顔師古注云：『恙，憂病。』

〔四〕《漢書·賈誼傳》：『淮陰侯尚王楚，黥布王淮南，彭越王梁，韓信王韓，張敖王趙，貫高爲相，盧綰王燕，陳豨在代，令此六七公者皆亡恙。』顔師古注云：『無恙，言無憂病。』

〔五〕語出《戰國策·齊策第四》。

一一三三　與壹貳叁同

《隨筆》云：『古書及漢人用字，如一之與壹，二之與貳，三之與叁，其義皆同。《鳲鳩序》〔一〕：「刺不壹也。」又云：「用心之不壹也。」而正文「其儀一兮」。〔二〕《表記》：「節以壹惠。」注：「言聲譽雖有衆多者，節以其行一大善者爲謚耳。」〔三〕漢《華山碑》：「五載壹巡狩。」《祠孔廟碑》：「恢崇壹變。」《祝睦碑》：「非禮，壹不得犯。」而後碑云：「非禮之常，一不得當。」則與「壹」通用也。《孟子》：「市價不貳。」趙岐注云：「無二賈者也。」〔四〕本文用大貳字，注用小二字，則「貳」與「二」通用也。《易·繫辭傳》：「參天兩地。」釋文云：「參，七南反。又如字，音三。」《周禮》：「設其參。」注：「參，謂卿三人。」〔五〕則「三」「參」通用也。九之與久，十之與拾，百之與佰〔六〕，亦然。』〔七〕

玉案，經史中，壹貳叁與一二三通用處，觸目皆是。昔人謂後世官府簿書文移，防胥吏作奸，改易數目。因以小一字爲大壹字，其實自壹至拾，皆屬借用字，其説非是。

【校箋】

〔一〕按，此「《鳲鳩序》」之「鳲」字，《湖海樓叢書》本如上作，康熙五十八年刊本、《昭代叢書》本、《四庫全書》本均作「鳴」，《四部叢刊》本《容齋五筆》作「鳲」。此处之「鳴」乃「鳲」的訛字。

〔二〕《詩經·曹風·鳲鳩》：「鳲鳩在桑，其子七兮。淑人君子，其儀一兮。其儀一兮，心如結兮」。

〔三〕語出《禮記·表記》。

〔四〕語出《孟子·滕文公上》。

〔五〕語出《周禮·大宰》。

〔六〕按，「佰」字，《湖海樓叢書》本作「伯」，康熙五十八年刊本、《昭代叢書》本、《四庫全書》本作「柏」，《四部叢刊》本《容齋五筆》作「栢」。「栢」乃「柏」的异體字，是木名。作「佰」是。

〔七〕按，以上引文出自《容齋五筆》卷九『一二三與壹貳叁同』條。

訓故

予嘗寫『訓詁』作『訓故』，一友疑誤字，不知古止有『訓故』字，後世乃作『訓詁』。《漢·藝文志》：『魯申公爲《詩》訓故，而齊轅固、燕韓生皆爲之傳。故《詩》有魯故二十五卷，韓故三十六卷，齊后氏故二十卷，齊孫氏故二十七卷。』師古曰：『故者，通其指義也。』又《劉歆傳》：『初，《左氏傳》多古字古言，學者傳訓故而已。』師古曰：『故，謂指趣也。』又《儒林傳》：『訓故大義。』〔一〕

【校箋】

〔一〕《漢書·儒林傳》：『景帝時，寬爲梁孝王將軍距吴楚，號丁將軍，作《易説》三萬言，訓故舉大誼而已。』顔師古注云：『故謂經之旨趣也。』

九拜百拜

《野客叢書》云：『古者拜禮，非特首至地，然後爲拜也。凡頭俯、膝屈、手動，皆謂之拜。按，《周禮》辨九拜之儀：「一稽（音啓）首，二頓首，三空首，四振動，五吉拜，六凶拜，七奇（音基）拜，八褒（本音包，此應讀報）拜，九肅拜。」注：「稽首拜，頭至地也。頓首拜，頭叩地也。空首拜，頭至手也。振動，以兩手相擊也。奇拜，一拜也。褒拜，再拜也。肅拜，但俯下手，即今之揖也。」〔一〕何嘗專以首至地爲拜邪？乃知禹聞善言則拜，如揖之類是也，豈僕僕之謂哉？今人或以頓首施於卑下，不知拜頭叩地，豈卑下之所安乎？』〔二〕《日知録》云：『「百拜」字出《樂記》。古人之拜，如今之鞠躬，故通計一席之間，賓主交拜，近至於百。注云：「壹獻，士飲酒之禮，百拜以喻多。」是也。（徐伯魯曰：「按，《鄉飲酒禮》無百拜，此甚言之耳。」）若平禮止是一拜再拜，即人臣之於君亦止再拜。《孟子》「以君命將之，再拜稽首而受」〔三〕是也。禮至末世而繁。自唐以下，即有四拜。《大明會典》：「四拜者，百官見東宮親王之禮。見其父母，亦行四拜禮。其餘官長及親戚朋友相見，止行兩拜禮。」〔四〕是四拜惟於父母得行之。今人書狀，動稱百拜，何也？』又云：『古人未有四拜之禮，《戰國策》：「蘇秦路過雒陽，嫂蛇行匍伏，四拜，自跪而謝。」此四拜之始，蓋因謝罪而加拜，非禮之常也。《黄庭經》「十讀四拜朝太上」。亦是加拜。今人上上聲父母書，用百拜，亦爲無理。若以古人之拜乎，則古人必稽首然後爲敬，而百拜僅賓主一日之禮，非所施於父母；若以今人之拜乎，則天子止於五拜，而又安得百也？此二者過猶不及，明知其不然而書之，此以僞事其親也。洪武三年，上諭中書省臣曰：「今人書札，多稱頓首、再拜、百拜，皆非實禮，其定爲儀式，令人遵守。」〔五〕於是禮部定儀：凡致書於尊者，稱端肅奉書，答則稱端肅奉復；敵已者稱奉書、奉復；上之與下稱書寄、書答；卑幼與尊者，則曰家書敬復；尊長與卑幼，則曰書付某人。』〔六〕

【校箋】

〔一〕語出《周禮・大祝》。

〔二〕以上出自宋王楙《野客叢書》卷二三『古者拜禮』條。

〔三〕語出《孟子・萬章下》。

〔四〕《大明會典》卷四四《百官朝見儀》：『稽首四拜者，百官見東宫親王之禮。其見父母，亦行四拜禮。其餘官長及親戚朋友相見，止行兩拜禮。』

〔五〕語出《明太祖高皇帝實録》卷五二。

〔六〕按，以上兩段均出自顧炎武《日知録》卷二八『百拜』條。

三古

今人用三古，誤以爲夏、商、周三代。《漢·藝文志》：『易道深矣，文更三聖，世歷三古。』韋昭曰：『三聖，伏羲、文王、孔子也。』孟康曰：『《易·繫辭傳》曰：「易之興也，其於中古乎？」然則，伏羲爲上古，文王爲中古，孔子爲下古。』

反璧

《左·僖二十三年》：『晋公子重耳及曹，僖負羈饋盤飧，置璧焉，公子受飧反璧。』今人却饋曰璧，本此。俗誤爲藺相如事，見《史·廉藺列傳》。有『臣請完璧歸趙』語〔一〕，因寫作『完謝』，大非。相如給〔二〕秦，間使懷璧歸趙，并非秦之不受璧也。

【校箋】

〔一〕《史記·廉頗藺相如列傳》：『相如曰：「王必無人，臣願奉璧往使。城入趙而璧留秦；城不入，臣請完璧歸趙。」』

〔二〕紿：通『詒』。欺騙，欺詐。《玉篇·糸部》：『紿，欺也。』

相於

『相於』與『相與』同，似俗實雅。古人詩文多用之，如孔文舉《書》：『岸幘廣坐，舉杯相於。』〔一〕杜詩『此行非不濟，良友昔相於』〔二〕、『老矣逢迎拙，相於托契饒』〔三〕之類。

【校箋】

〔一〕語出孔融《與韋甫休書》。

〔二〕語出杜甫《贈李八秘書別三十韵》。

〔三〕揚州詩局本《全唐詩》卷二三三所録杜甫《奉贈盧五丈參謀琚》：『老矣逢迎拙，相於契托饒。』『契托饒』，《訂訛雜録》各本胡氏引文均作『托契饒』。

金錯刀

『張衡《四愁詩》：「美人贈我金錯刀。」金錯刀，王莽所鑄錢名。《漢・食貨志》：「王莽居攝，變漢制，以周錢有子母相權，於是更造大錢，徑寸二分，重十二銖（音殊），文曰「大錢五十」。又造契刀、錯刀。其環如大錢，身形如刀，長二寸，文曰「契刀五百」。錯刀，以黄金錯其文，曰「一刀直五千」。與五銖錢凡四品，并行。」杜詩：「金錯囊垂罄，銀壺酒易賒。」〔二〕韓退之詩：「聞道松醪賤，何須吝錯刀。」〔三〕（玉案，韓集無此詩，何也？）皆謂是也。』〔三〕《繼古叢編》謂：『金錯刀，一名而二物。錢一也，刀二也。王莽所造。張衡、韓、杜所云是錢名。杜詩：「熒熒金錯刀，濯濯朱絲繩。」〔四〕孟襄陽詩：「美人騁金錯，雙手膾鮮鱗。」〔五〕是刀名。』玉又按，梅聖俞《送蔡駰下第》詩云：『爾持金錯刀，不入鵝眼貫（錢名）。』〔六〕今俗但知爲刀名，而不知爲錢名也。

【校箋】

〔一〕語出杜甫《對雪》。

〔二〕語出韓愈《潭州泊船呈諸公》。
〔三〕按，以上部分出自嚴有翼《藝苑雌黄》『金錯刀』條。
〔四〕揚州詩局本《全唐詩》之杜甫《棕拂子》：『熒熒金錯刀，擢擢朱絲繩。非獨顔色好，亦用顧盼稱。』
〔五〕揚州詩局本《全唐詩》之孟浩然《峴潭作》：『美人騁金錯，纖手膾紅鮮。』
〔六〕語出梅堯臣《送甥蔡駰下第還廣平》。

骰子

骰，音頭。本平聲字。白樂天詩：『碧籌攢米〔一〕碗，紅袖拂骰盤。』〔二〕又：『鞍馬呼教住，骰盤喝遣輸。』〔三〕吴音呼爲豆子，非也。《史·范蔡傳》：『博者或欲大投。』〔四〕注裴駰曰：『投，投瓊也。』楊慎曰：『投即今骰子，蓋投具以瓊爲之。列子云：「嗚瓊也。」』又《續事始》曰：『曹子建制雙六，置投子二。』觀此，則『投』與『骰』似可通用。《資暇録》乃以『骰』字爲非，曰：『投子者，投擲於盤筵之義。或作「骰」。案，諸家之書，「骰」即「股」字，不音「投」。』〔五〕玉案，詩家之書，「骰」皆音「頭」，注云『博齒』。惟《集韵》有『與股通用』之說，不得遽以『投』字爲正而廢

『骰』字。

【校箋】

〔一〕按，此『米』字，康熙五十八年刊本、《昭代叢書》本、《湖海樓叢書》本均如此作，《四庫全書》本作『采』。核文義，作『米』是。

〔二〕語出白居易《與諸客空腹飲》。

〔三〕語出白居易《東南行一百韵》。

〔四〕《史記·范雎蔡澤列傳》：『君獨不觀夫博者乎？或欲大投，或欲分功，此皆君之所明知也。』

〔五〕語出唐李匡乂《資暇集》卷下『投子』條。又按，《資暇集》又作《資暇録》，三卷，唐代考據辨證類筆記。

每下愈况

《莊子·知北游》：『正獲之問於監市履豨也，每下愈况。』言每於至下之處，愈可比况他物。今用作『每况愈下』，非。

學官

世以學舍爲學宮，於理亦通，然與出處不合。《漢・賈誼傳》：『及太子少長，知妃色，則入於學。學者，所學之官也。』顔師古注云：『官，謂官舍。』又《藝文志》：『《易》有施、孟、梁丘、京氏列於學官，《書》有歐陽、大小夏侯氏立於學官，《詩》有魯、齊、韓三家列於學官，《禮》有戴德、戴聖、慶普三家立於學官，《春秋》有公羊、穀梁立於學官。』〔一〕無有一作『學宮』者，若云頖宮〔二〕、澤宮，便無弊。

【校箋】

〔一〕語出《漢書・藝文志》。

〔二〕頖宮：又作『泮宮』，西周時諸侯所設的大學。

吊生不吊死

《曲禮》：『知生者吊，知死者傷。知生而不知死，吊而不傷。知死而不知生，傷而不吊。』〔一〕今概曰吊，非也。俗云『吊生不吊死』，此言實得《禮》意，但誤作『世態燠寒，生死易心』解耳。

【校箋】

〔一〕語出《禮記・曲禮》卷三。

邗溝之誤

《左・哀九年》：『秋，吳城邗，溝通江、淮。』杜注：『於邗江築城穿溝，東北通射陽湖，西北至末口〔一〕入淮，通糧道也。今廣陵韓江是。』陸德明曰：『邗，音寒。』城邗，句絶。溝通江淮，自爲一句。今俗誤以『吳城邗溝』四字爲句，遂稱揚州邗江爲邗溝，非。

【校箋】

〔一〕按，此『末口』二字，《訂訛雜録》各本均作『宋口』。今據阮刻本《十三經注疏》、李學勤校勘本《春秋左傳正義》校作『末口』。

用史語之失

『卑之，毋甚高論』，作二句讀，前已詳言之矣。兹閲《容齋隨筆》論『史語』一則，復節録於此。曰：『今之牽引史語者，亦未免有失。張釋之言便宜事，文帝曰：「卑之，毋甚高論，令平聲今可行也。」〔一〕遂言秦漢之間事，帝稱善。顔師古曰：「令其議論依附時事。」予謂不欲使爲甚高難行之論，故令少卑之耳。而今之語者，直以言論不足采爲「無甚高論」。……又韓公《送諸葛覺往隨州讀書》詩云：「鄴侯家多書，插架三萬軸。一一懸牙籤，新若手未觸。爲人强記覽，過眼不再讀。」鄴侯蓋謂李繁，時爲隨州刺史，藏書既富，且記性警敏，故籤軸嚴整如是。今人或指言雖名爲收書，而未嘗過目者，輒曰「新若手未觸」，亦非也。』〔二〕

【校箋】

〔一〕《史記·張釋之馮唐列傳》：『釋之既朝畢，因前言便宜事。文帝曰：「卑之，毋甚高論，令今可施行也。」於是釋之言秦漢之間事，秦所以失而漢所以興者久之。文帝稱善，乃拜釋之爲謁者僕射。』司馬貞《索隱》案云：『卑，下也。欲令且卑下其志，無甚高談論，但令依時事，無説古遠也。』

〔二〕按，以上語出洪邁《容齋四筆》卷九『用史語之失』條。

祝即咒字

祝，本有『竹』『晝』二音。《六書正訛》謂：『别作咒，非。』〔一〕余檢經史果然，《尚書·無逸》：『否則厥口詛祝。』〔二〕《詩·大雅》：『侯作侯祝。』（音詛）〔三〕《周禮·大祝》：『掌六祝：一曰順祝，二曰年祝，三曰吉祝，四曰化祝，五曰瑞祝，六曰筴祝。』《左·襄十七年》：『宋國區區，而有詛有祝，禍之本也。』《成·十七年》：『愛我者唯祝我，使我速死，無及於難。』注并音之又反，或之秀反。又《漢書·外戚傳》：『宫人飲酒酹地，皆祝延之。』師古曰：『祝，之又反。謂祝之使長壽也。』〔四〕又張衡《西京賦》：『東海黄公，赤刀粤祝，冀厭白虎，卒不能救。』據此數條，祝詛、祝頌二義皆可讀皺，今但知有『竹』音耳。賈昌朝《字音清濁辨》：『之六反，祭主贊詞者；之又反，謂贊詞。』〔五〕

【校箋】

〔一〕《六書正譌》卷四《去聲》『祝』下云：『祭主贊詞也。从示从人口會意。别作呪，非。』

〔二〕《尚書·無逸》：『民否則厥心違怨，否則厥口詛祝。』『呪』與『呪』同，《正字通·口部》：『呪，呪與咒形體小變，其義則一也。』

〔三〕語出《詩經·大雅·蕩》。

〔四〕《漢書·外戚傳》：『孝元傅昭儀，哀帝祖母也。父河内温人，蚤卒，母更嫁爲魏郡鄭翁妻，生男惲。昭儀少爲上官太后才人，自元帝爲太子，得進幸。元帝即位，立爲倢伃，甚有寵。爲人有材略，善事人，下至宫人左右，飲酒酹地，皆祝延之。』顔師古注云：『酹，以酒沃地也。祝延，祝之使長年也。酹音來外反。祝音之受反。』《訂譌雜録》胡氏引文之『祝，之又反』，各版本均如此作，與清刻本《漢書》的『之受反』异。

〔五〕語出宋賈昌朝《群經音辨》卷六《辨字音清濁》。

輔車

《左·僖五年》：『諺所謂「輔（音釜）車相依，脣亡齒寒」者，其虞虢之謂也。』車，陸德明音尺遮反。杜注：『輔，頰輔。車，牙車。』林注：『言虞如牙車，如齒在裏；虢如輔頰，如脣在表。二國相須以生，去一不可。』案，此則『輔車相依，脣亡齒寒』二句，意本一串。若以『輔車』解作車之輔，如《詩》所謂『無弃爾輔』〔一〕意，不惟顯背杜、林二注，且覺取譬不倫。

【校箋】

〔一〕《詩經·小雅·正月》：『無弃爾輔，員于爾輻。』

名諱

《曲禮》：『卒哭乃諱。』《韵會》注：『生曰名，死曰諱。』〔一〕世俗不察，向生人輒稱尊諱，非禮也。然古人已有此失。吴楚材《强識略》言：『《漢西岳碑》云：「樊君諱毅。」毅時尚在也。』又《金石録》謂：『生而稱諱，見於石刻者甚多。』因引孝宣元康二年詔曰：『其更諱詢。』以爲西漢已如此。〔二〕然則俚俗相沿，亦有所本。

【校箋】

〔一〕語出《古今韵會舉要》卷一八《去聲》『諱』字條。

〔二〕按，以上論述與顧炎武《日知録》卷二三『生而曰諱』條的部分内容相同。

吹嘘師資

《後漢・鄭太傳》：『孔公緒清談高論，嘘枯吹生。』太子賢注：『枯者嘘之使生，生者吹之使枯。言談論有所抑揚也。』案，此則『吹』『嘘』二字，義正相反，然古今詞人多混作一意用。又《儒林傳》：『若師資所承，宜標名爲識者，乃著之云。』〔一〕太子賢注引《老子》曰：『善人者，不善人之師也。不善者，善人之資也。』則『師』『資』二字，亦兼美惡言，今人解作師之資。二弊雖小，不可不知。

【校箋】

〔一〕《後漢書·儒林列傳》：『若師資所承，宜標名爲證者，乃著之云。』按，上胡氏引文『識者』之『識』，《訂訛雜録》各版本均如此作，同文書局石印本《後漢書》作『證』。

鳳尾諾

《野客叢書》云：『皮日休詩以「鳳尾諾」對「虎頭岩」，東坡以「鳳尾諾」對「虎頭州」。按晋帝批奏書，「諾」字之尾如鳳尾之形，故謂「鳳尾諾」。齊帝令（平聲）江夏王學鳳尾諾，一學即工。蓋諾者，猶言制可也。「諾」字與「詔」字相似，而又有「鳳詔」之語。故觀者往往誤以爲鳳尾詔焉，如《陸龜蒙集》所刊看（平聲）是也。』〔一〕

【校箋】

〔一〕按，此條出自宋王楙《野客叢書》卷二二『鳳尾虎頭』條。

圯上老人

圯，音移。張子房受書於圯上老人[一]，楚人謂橋爲圯。李太白詩：『我來圯橋上，懷古欽英風。』[二]既曰圯，又曰橋，後人所以有『橋橋之誚』。案，《地輿》：『其地至今有圯橋。』蓋沿訛也。字从『巳午』之『巳』，無鈎，不从『人已』之『己』。圮，音痞，敗也。《書》：『方命圮[三]族。』[四]

【校箋】

〔一〕《史記·留侯世家》：『子房始所見下邳圯上老父與太公書者，後十三年從高帝過濟北。』

〔二〕李白《經下邳圯橋懷張子房》。

〔三〕按，此『圮』字，《訂訛雜録》康熙五十八年刊本、《昭代叢書》本、《四庫全書》本均如此作，《湖海樓叢書》本作『圯』。《尚書》之例取倒塌、崩裂義，作『圯』非也，乃『圮』字書誤而致。

〔四〕《尚書·舜典》孔傳：『方命圮族，績用不成，殛竄放流，皆誅也。』

卷九

濫觴

《家語·三恕》篇：『孔子謂子路曰：「夫江始出於岷（音民）山，其源可以濫觴。及其至於江津，不舫（平聲）舟，不避風，則不可以涉，非惟下流水多耶。」』濫觴，是言其始出之微。故《韓詩外傳》作『不足濫觴後人』，指爲末流之弊。如曰『至今日而濫觴極矣』之類，謬也。黄山谷詩：『岷江初濫觴，入楚乃無底。』〔一〕又：『濫觴雖有罪，末派瀰九縣。』〔二〕古人元不誤用。《史·孟荀傳》：『始也濫耳。』注引『濫觴』爲『始』之義釋之。〔三〕

【校箋】

〔一〕語出黄庭堅《次韵答邢惇夫》。

〔二〕語出黄庭堅《和張文潜贈晁無咎》。

〔三〕《史記·孟子荀卿列傳》『始也濫耳』下司馬貞《索隱》云：『濫即濫觴，是江源之初始，故此文意以濫爲初也。謂衍之術言君臣上下六親之際，行事之所施所始，皆可爲後代之宗本，故云濫耳。』

魁

《日知録》云：『今人所奉魁星，不知始自何年，以奎爲文章之府，故立廟祀之。乃不能像奎，而改「奎」爲「魁」；又不能像魁，而取之字形，爲鬼舉足而起其斗。不知奎爲北方玄武七宿音肅之一，魁爲北斗之第一星。所主不同，而二字之音亦异，今以文而祀，乃不於奎而於魁。』〔一〕失之遠矣。

【校箋】

〔一〕語出《日知録》卷三二『魁』條。

橋梓

劉向《説苑》：『伯禽與康叔封，朝於成王。見周公，三見而三笞，乃相與見商子。曰：「二子盍相與觀乎？南山之陽有木焉，名曰橋。」二子者往[一]觀乎南山之陽，見橋竦焉，實而仰。商子曰：「橋者，父道也。」二子盍相與觀乎？南山之陰有木焉，名曰梓。」二子者往觀乎南山之陰，見梓勃焉，實而俯。商子曰：「梓者，子道也。」二子見乎周公，入門而趨，登堂而跪。周公拂其首，勞而食之，曰：「安見君子？」二子對曰：「見商子。」周公曰：「君子哉！商子也。」』後世稱父子曰『橋梓』本此。俗作『喬梓』，非。讀梓作平聲者，亦非。

【校箋】

〔一〕按，此『往』字，《湖海樓叢書》本、《四庫全書》本如此作，康熙五十八年刊本作『徃』。『徃』乃『往』的俗字。

疆場

埸，音亦。从易。《説文》注：『疆也。』場，音長。从昜（即陽字）。《説文》注：『祭神道。田不耕。治穀田也。』經傳中『疆埸』字甚多，絶無『疆場』字。《詩》『疆埸翼翼』〔一〕『乃場乃疆』〔二〕。疆是大界，埸是小界，今小田塍（音仍）也。又邊境也。《左·桓十七年》：『疆埸之事，慎守其一而備其不虞。』《莊·二十八年》：『疆埸無主，則啓戎心。』《襄十一年》：『使疆埸之司惡於宋。』《昭元年》：『疆埸之邑，一彼一此，何常之有？』《二十七年》：『吴新有君，疆埸日駭。』〔三〕《定四年》：『夷德無厭，若鄰於君，疆埸之患也。』埸，陸德明并音亦。後世用作『疆場』意，爲封疆戰場，非也。駱賓王詩：『膂力風塵倦，疆埸歲月窮。』〔四〕乃知此誤已久。

【校箋】

〔一〕語出《詩經·小雅·信南山》。

〔二〕語出《詩經·大雅·公劉》。

〔三〕語出《左傳·昭公二十七年》。

〔四〕語出駱賓王《邊城落日》。

客作

《野客叢書》引吴曾《漫録》[一]云：『「江西俚俗駡人曰「客作兒」。案，陳從易《寄荔枝與盛參政》詩：「橄欖爲下輩，枇[二]杷客作兒。」[三]僕謂受雇者爲客作，已見於南北朝。觀袁翻謂人曰：「邢家小兒，爲人客作表章[四]。」此語自古而然。』[五]勉夫之言如此。予又案，《西京雜記》：『匡衡[六]家貧勤學，邑有大姓，多書，乃與客作，得遍讀主人書。』又《輟耕録》云：『今人之指傭工者曰客作，三國時已有此語。焦光飢則出爲人客作，飽食而已。』觀此，則又不始於南北朝矣。

【校箋】

〔一〕吴曾：字虎臣，博學，能文能詩，著有筆記文集《能改齋漫録》。

〔二〕按，『枇』字，康熙五十八年刊本、《昭代叢書》本、《湖海樓叢書》本均如此作，《四庫全書》本作『批』。此『批』乃『枇』的書寫訛誤字。

〔三〕吴曾《能改齋漫録》卷二《事始·俗駡客作》：『江西俚俗駡人，有曰「客作兒」。按陳從易《寄荔與盛參政》詩云：「櫻桃真小子，龍眼是凡姿。橄欖爲下輩，枇杷客作兒。」盛問其説，云：「櫻桃味酸，小子也。龍眼無文采，凡姿也。橄欖初澀後甘，下輩也。枇杷核大肉少，客作兒也。」凡言「客作兒」者，傭夫也。』

〔四〕按，『表章』二字，《北齊書》《北史》均作『章表』。《北齊書·邢邵傳》：『邢家小兒嘗客作章表，自買黄紙，寫而送之。』《北史·邢邵傳》：『邢家小兒常客作章表，自買黄紙，寫而送之。』

〔五〕清翟灝《通俗編》卷二一『藝術』條下引《野客叢書》：『江西俚俗駡人曰「客作兒」。陳從易《荔枝詩》：「橄欖爲下輩，枇杷客作兒」。僕謂斥受雇者爲客作，已見於南北朝。觀袁翻謂人曰：「邢家小兒，爲人客作奉表。」此語自古而然。』

〔六〕按，『匡衡』二字，《湖海樓叢書》本如是作，康熙五十八年刊本、《昭代叢書》本、《四庫全書》本均作『康衢』。檢《西京雜記》卷二：『匡衡字稚圭，勤學而無燭。鄰舍有燭而不逮，衡乃穿壁，引其光，以書映光而讀之。邑人大姓，文不識，家富多書。衡乃與其傭作，而不求償。主人怪問衡，衡曰：「願得主人書遍讀之。」主人感嘆，資給以書，遂成大學。』

委靡

委靡、披靡、波靡等，并讀上聲，借音米。説見《四書字音志疑》『雖華不爲靡』句。偶檢放翁詩：『已分文章歸委靡，可憐意氣尚憑陵。』〔一〕一友疑其失嚴（與失粘同），用朱筆標志，非也。

【校箋】

〔一〕語出陸游《讀前輩詩文有感》。元遺山《論詩絶句》云：『鬥靡誇多費覽觀，陸文猶恨冗於潘。』亦作仄聲。

明經

今世科名稱謂，有與古悖戾者，相承不覺。《日知録》言之甚詳，摘録五條於此。曰：今人但以貢生爲明經，非也。唐制有六科：一曰秀才，二曰明經，三曰進士，四曰明法，五曰書，六曰算。

《大唐新語》〔一〕：『隋煬帝置明經、進士二科。國家用隋制，增置秀才、明法、明字、明算，并前爲六科。』當時以詩賦取者謂之進士《金史·移剌履傳》：『進士之科，隋大業中始試以策，唐初因之。高宗時，雜以箴、銘、詩、賦，至文宗始，專用賦。』以經義取者謂之明經葉石林《避暑録話》：『唐制取士，用進士、明經二科。本朝初，惟用進士，其明經，不知始自何時。仁宗患進士浮淺，不本經術，嘉祐三年，始復明經科。』今罷詩賦而用經義，則今之進士，乃唐之明經也。〔二〕

【校箋】

〔一〕《大唐新語》：筆記小説集，又名《唐説新語》《大唐世説新語》等，唐代劉肅撰。

〔二〕語出顧炎武《日知録》卷一六『明經』條。

秀才

《舊唐書·杜正倫傳》：『正倫，隋仁壽中，與兄正玄、正藏，俱以秀才擢第。唐代舉秀才止十餘人，正倫一家有三秀才，甚爲當時稱美〔一〕。』《唐登科記》：『武德至永徽，每年進士或至二十餘人，而秀才止一人二人。《舊唐書·職官志》則云：「秀才有唐已來無其人。」』杜氏《通典》云：『初，秀才科第最高，試方略策五條，有上上、上中、上下、中上凡〔二〕四等。貞觀去聲中，有舉而不第者，坐其州長，由是廢絶。

《新唐書》：「永徽二年始停秀才科。」』士人所趨嚮，惟明經、進士二科而已。顯慶初，黄門侍郎劉祥道奏言：『國家富有四海，於今已四十年，百姓官僚，未有秀才之舉，未必今人之不如昔，將薦賢之道未至，豈方稱多士〔三〕，遂缺斯人。請六品以下，爰音袁及山谷，特降綸言，更審搜訪。』〔四〕唐人之於秀才，其重如此『秀才』，字出《史記·賈生傳》：『年十八，以能誦詩屬書聞於郡中，吴廷尉爲河南守，聞其秀才。』而《儒林傳》，公孫弘之議則曰：『有秀才异等，輒以名聞。』〔五〕此『秀才』之名所起。玄宗御撰《六典》言：『凡貢舉人有博識高才，强學待問，無失俊選者爲秀才。通二經已上者爲明經。明閑〔六〕時務，精熟一經者爲進士。』《張昌齡傳》：『本州欲以秀才舉之，昌齡以時廢此科已久，固辭，乃充進士舉及第。』〔七〕是則秀才之名，乃舉進士者所不敢當也。又《文苑英華》判目有云：『鄉舉進士至省求試秀才，考功不聽，求訴不已。』〔八〕趙岊〔九〕判曰：『文藝小善，進士之能，訪問不休，秀才之目。』〔一〇〕是又進士求試秀才而不可得也。今以生員而冒呼此名，何也《容齋三筆》謂：『秀才之名，自宋、魏以後，實爲貢舉科目之最，而今世俗以爲相輕之稱。？』

明初嘗舉秀才洪武十五年徵至秀才數千人。如《太祖實録》：洪武四年四月辛丑，以秀才丁士梅爲蘇州府知府，童權爲揚州府知府，俱賜冠帶。十年二月丙辰，以秀才徐尊生爲翰林應奉。十五年八月丁酉，以秀才曾泰爲户部尚書。是也。亦嘗舉孝廉。洪武二十年二月己丑，以孝廉李德爲應天府尹。是也。此辟舉之名，非所施於科目之士。今俗謂生員爲秀才，舉人爲孝廉，非也。〔一一〕

【校箋】

〔一〕按，此『美』字，康熙五十八年刊本、《昭代叢書》本、《湖海樓叢書》本均如此作，《四庫全書》本作『美』。『美』乃『美』的俗寫體，《字鑒・旨韵》：『美，俗下从火作美。』

〔二〕按，此『凡』字，《昭代叢書》本、《湖海樓叢書》本如此作，康熙五十八年刊本、《四庫全書》本作『九』。『九』與『凡』同，《字彙・几部》：『凡，俗作九。』

〔三〕按，『豈方稱多士』數字，《訂訛雜録》各本均如此作，世界書局本《日知録》作『豈使方稱多士』，清刻本《舊唐書》作『寧可方稱多士』。

〔四〕語出《舊唐書・劉祥道傳》。

〔五〕語出《漢書・儒林傳》。

〔六〕按，此『閑』字，《訂訛雜録》康熙五十八年刊本、《湖海樓叢書》本、《四庫全書》本均如此作，《昭代叢書》本作『閒』。

〔七〕語出《舊唐書・文苑傳上・張昌齡》。

〔八〕語出《文苑英華》卷五一四《選舉門三十道・鄉貢進士判五道》。

〔九〕岊：本指山角落，此處爲人名用字。

〔一〇〕語出《文苑英華》卷五一四《選舉門三十道・鄉貢進士判五道・對》。

〔一一〕此『秀才』條語出顧炎武《日知録》卷一六。

舉人

舉人者，舉到之人。《北齊書・鮮于世榮傳》：『以本官判尚書省右僕射音夜事，與吏部尚書袁聿修在尚書省簡試舉人。』《舊唐書・高宗紀》：『顯慶四年二月乙亥，上親策試舉人，凡九百人。』『調露元年十二月甲寅，臨軒試應岳牧舉人。』是也。登科則除官，不復謂之舉人，而不第則須再舉。不若今人以舉人爲一定之名也。進士乃諸科目中之一科，而傳中有言舉進士者，有言舉進士不第者，但云舉進士，則第不第未可知之辭，不若今人以登科而後謂之進士也。自本人言之，謂之舉進士；自朝廷言之，謂之舉人。進士即是舉人。不若今人以鄉試榜謂之舉人，會試榜謂之進士也。〔一〕

【校箋】

〔一〕本條語出顧炎武《日知録》卷一六『舉人』條。

進士

進士即舉人中之一科。其試於禮部者，人人皆可謂之進士。唐人未第稱『進士』，已及第則稱『前進士』。《雍録》引唐人詩云：『曾題名處添前字。』《通鑑》：『建州進士葉京嘗預宣武軍宴，識監軍之面。既而及第，在長安與同年出游，遇之於塗，馬上相揖。因之謗議喧然，遂沈廢終身。』〔一〕是未及第而稱進士也。試畢放榜，其合格者曰『賜進士及第』，後又廣之曰『賜進士出身』，然後謂之『登科』。所以异於同試之人者，在乎賜及第出身，而不在乎進士也。宋政和三年五月乙酉，臣僚言：『陛下罷進士，立三舍之法，今賜承議郎徐禋進士出身，於名實未正，乞改賜同上舍出身。從之。』〔二〕

【校箋】

〔一〕語出《資治通鑑》卷二五〇《唐紀六十六·懿宗昭聖恭惠孝皇帝上》。

〔二〕此條出自顧炎武《日知録》卷一六『進士』條。

科目

唐制，取士之科有秀才，有明經，有進士，有俊士，有明法，有明字，有明算，有一史，有三史，有開元禮，有道舉，有童子。而明經之别，有五經，有三經，有二經，有學究一經，有三禮，有三傳，有史科。此歲舉之常選也。其天子自詔曰『制舉』，如姚崇『下筆成章』，張九齡『道侔伊吕』之類，見於史者凡五十餘科《困學紀聞》：『唐制舉之名，多至八十有六。』〔一〕故謂之『科目』宋王安石始罷諸科。今代止進士一科，則有科而無目矣。猶沿其名，謂之科目，非也。〔二〕

【校箋】

〔一〕語出《困學紀聞》卷一四《考史》。

〔二〕此條出自顧炎武《日知録》卷一六『科目』條。

殺俗讀去聲

白樂天《玩半開花贈皇甫郎中》詩：『西日憑輕照，東風莫殺吹。』自注：『殺，去聲。』玉案，俗語太甚曰『殺』。所嫁反，沙去聲，音厦與从『广』者不同。厦，遐上聲，大屋。亦作『煞』。〔一〕《容齋隨筆序》『煞有好議論』升庵〔二〕《字説》引作『殺有好處』，誤。元人傳奇『忒殺思量』『忒殺風流』類，皆太甚意。若如字讀，便非。

【校箋】

〔一〕煞：通『煞』，表示程度深，相當於『甚』。

〔二〕升庵：指楊慎，字用修，號升庵。

令甲

今人以『令甲』爲法律，是未明甲字義耳。《漢書·宣帝紀》：『令甲，死者不可生。』注如淳曰：

『令有先後，故有令甲、令乙、令丙。』師古曰：『甲、乙者，若今之第一、第二篇耳。』案，此則令甲爲最先之令。《江充傳》如淳注：『令乙，騎乘車馬行馳道中。』章帝詔曰：『令丙，棰長有數。』皆可證也，説見宋戴埴《鼠璞》〔一〕。

【校箋】

〔一〕戴埴《鼠璞·令甲》：『漢令甲、令乙、令丙，乃篇次也。』

據《國策》，當作『鼠朴』，今曰『璞』，誤也。

小學宜講

流俗作字，輒多謬訛，予於《四書字音志疑》詳言之。繼覽《容齋隨筆》一則，實獲我心。附録於此，以見予之訂正，初非好爲拘泥去聲，吹毛索音色瘢也。其言曰：古人八歲入小學，教之六書，《周官》保氏之職，實掌斯事，厥後浸廢。蕭何著法，太史試學童，諷書九千字，乃得爲吏。以六體試之，吏人上書，字或不正，輒有舉劾。劉子正〔二〕父子校中秘書，自《史籀》以下凡十家，序爲小學，次於六藝之末。許叔重收集篆、籀諸家之學，就隸爲訓注，謂之《説文》。蔡伯喈以經義分散，傳記交亂，訛謬相蒙，乃請刊定（看平聲）《五經》，備體刻石，立於太學門外，謂之《石經》。後有呂忱，又集《說文》之所漏略，著《字林》五篇以補之。唐制，國子監置書學博士，立《說文》《石經》《字林》之學，舉其文義，歲登下之。而考功、禮部課試貢舉，許以所習爲通，人苟趨便，不求當否。大歷十年，司業張參纂成《五經文字》，以類相從。至開成中，翰林待詔唐元度又加《九經字樣》，補參之所不載。晋開運末，祭酒田敏合二者爲一編，并以考正俗體訛謬。今世不復詳考，雖士大夫作字，亦不能悉如古法矣。韓子云：『凡爲文辭，宜略識字。』又云：『阿買不識字，頗知書八分。』安有不識字而能書，蓋所謂識字者？如上所云也。予采張氏、田氏之書，擇今人所共昧者，漫載於此，以訓子孫。

本字从木，一在其下，今爲大十者，非。美从羊从大，今从犬、从火者，非。看字从手，凡視物不審，則以手遮目看之，作看[二]者，非。乾有干、虔二音，爲字一體，今俗分別作乹字音虔而乾音干者，非。夷，从弓从大，作夷者，訛。耆从旨，作老下目者，訛。決、沖、況、涼、盜并从水，作冫者，訛。饑、飢二字，上穀不熟，下餓也，今多誤用。至於果、芻、韭之加草；岡加山；筍作笋；頭作還；須加髟或从水；寶从尔；趨从多；衡合从角从大而从魚；肇从文；蟲作虫；墮許規反，俗作隳，又以爲隋；炙从夕；閒从日；功从刀[三]；兹合从二玄而作茲；姦爲姧；纛从毒；舌从千；京作亰；次从冫；潛、僭、譖从替；出作二山；皂爲皀；匹爲疋；敘作叙；曷爲曷；怪爲恠；凡作几[四]；允作乢；館作舘；覽作覧；祭合从月从又而作祭；瞻作瞻；淫从乇；徧作遍；傲作僥；漾作漾；琴瑟之弦从糸：如是者皆非也。〔五〕《焦氏筆乘》〔六〕亦詳言之。

【校箋】

〔一〕按，『劉子正』三字，《訂訛雜録》各版本均如此作。然檢《容齋四筆》卷一二『小學不講』條，作『劉子政』。劉子政即劉向，字子政，其子爲劉歆。

〔二〕看：『看』的俗寫體。

〔三〕按，『功从刀』三字，《訂訛雜録》各版本間有别，康熙五十八年刊本、《昭代叢書》本、《四庫全書》本作『切从力』，《湖海樓叢書》本作『功从刀』，孔凡禮點校本《容齋四筆》作『功从力』。檢《説文·力部》：『功，以勞定國也。从力，从工。』此處洪邁意在辨别『功』的誤寫現象，顯然作『功从刀』爲宜。孔凡禮點校本的『功从力』誤矣。

〔四〕按，『凡作九』數字，《湖海樓叢書》本如此作，康熙五十八年刊本、《昭代叢書》本、《四庫全書》本作『凢作凡』。『凢』乃『凡』的俗體。結合上下文來看，『凡作九』爲是。

〔五〕按，『小學宜講』條出自洪邁《容齋四筆》卷一二，洪書作『小學不講』。

〔六〕按，此小注，《昭代叢書》本、《湖海樓叢書》本有，康熙五十八年刊本、《四庫全書》本缺。

土著

《史記》：『其俗土著。』〔一〕直略反，長入聲。又《漢·食貨志》：『理民之道，地著爲本。』《貴粟論》：『不農則不地著。』地著，與土著同，謂民之久居其所，如物之黏著而不他徙也。俗或誤讀『土注』。

【校箋】

〔一〕《史記·大宛列傳》：『大宛在匈奴西南，在漢正西，去漢可萬里。其俗土著，耕田，田稻麥。』

法三章耳

《史、漢·高紀》：『與父老約，法三章耳：殺人者死，傷人及盗抵罪，餘悉除去秦法。諸吏人皆案堵如故。』〔一〕王厚齋〔二〕、陸農師〔三〕皆以『與父老約』爲句絶，『法三章耳』另爲一句，朱子亦以爲然。『案堵』，《漢書》作『按堵』，同。應劭曰：『按，按次第也。』後人用作『安堵』，非。

【校箋】

〔一〕按，上胡氏引文出自《史記·高祖本紀》與《漢書·高帝紀》。

〔二〕王厚齋：王應麟，南宋經史學家，字伯厚，號深寧居士，又號厚齋。

〔三〕陸農師：指宋人陸佃，字農師，號陶山，陸游的祖父，著有《埤雅》《春秋後傳》等。

西崑體

《古今詩話》云：『宋初楊大年億、錢文僖惟演、晏元獻殊、劉子儀筠，爲詩皆宗義山，號西崑體。後進效之，多竊取義山詩句。嘗内宴，優人有爲義山者，衣服敗裂，告人曰：「我爲諸館職撏扯至此。」聞者大噱。』案此，則楊、劉輩效義山詩，其所作號西崑體。葉石林〔一〕謂歐陽公詩：『始矯崑體，專以氣格爲主。』亦指楊、劉輩言。今直以義山集爲西崑詩，非是。前人嘗有言之者，元遺山《論詩絶句》云：『望帝春心托杜鵑，佳人錦瑟怨芳年。詩家總愛西崑好，獨恨無人作鄭箋。』亦踵此弊。

【校箋】

〔一〕葉石林：宋人葉夢得，字少蘊，號石林居士。

先容

今人習用先容字，不知其出，且昧其義。〔一〕《漢·鄒陽傳》：『蟠木根柢，輪囷離奇，而爲萬乘器者，以左右先爲之容也。』師古曰：『萬乘器，天子車輿之屬。容，謂雕刻加飾。』《史記注》索隱（音色）曰：『左右先加雕刻，爲之容飾。』〔二〕

【校箋】

〔一〕按，以上數字，《昭代叢書》本作：『今人習用先容字，殊昧其義。』

〔二〕按，《史記·魯仲連鄒陽列傳》：『何則？以左右先爲之容也。』司馬貞《索隱》云：『謂左右先加雕刻，是爲之容飾也。』又按，上『爲之容飾』，康熙五十八年刊本、《昭代叢書》本、《四庫全書》本均如此作，《湖海樓叢書》本作『謂之容飾』。核之句義，作『爲之容飾』是也。

醖藉

《漢·薛廣德傳》：『廣德爲人温雅有醖藉。』師古曰：『醖，言如醖釀（仰去聲）也。藉，有所薦藉也。』亦作『温籍』。《義縱傳》：『治敢往，少温籍。』師古曰：『少温籍，言無所含容也。温音於問反，籍音才夜反。』〔一〕案此二則，『先容』是取義於木，『醖藉』是取義於酒。

【校箋】

〔一〕語出《漢書·酷吏傳》。

芧栗

《夢溪筆談》云：『江南有小栗，謂之茅栗（茅音「草茅」之「茅」）。以予觀之，此正所謂芧也，則《莊子》所謂「狙（音朱）公賦芧（音序）」，此文相近之誤也。』〔一〕存中〔二〕之説如此，因思少陵《南鄰》『錦里先生烏角巾，園收芋栗未全貧』，本於《莊子·徐無鬼篇》『先生居山林，食芧栗也』。今注家必欲改作『芧栗』，謂蜀有蹲鴟，且芋栗二物，可該園中所産，而芧栗野生，不待園中收種。若但芧栗充飢，安得謂未全貧？此種議論雖似近理，終覺牽合支離，未必當時杜公意也。山谷謂杜詩、韓文無一字無來歷，以芧栗屬先生説，此正從《莊子》來也。紛紛聚訟，不當息乎？

【校箋】

〔一〕語出沈括《夢溪筆談》卷三《辨證一》。

〔二〕存中：指沈括，字存中。

天夭是椓

《筆談》云：『書之闕誤，有可見於他書者。如《詩》「天夭是椓」〔一〕，《後漢·蔡邕傳》作「夭夭是加」〔二〕，與「速速方穀」爲對。』沈説如此，然朱子訓『天禍椓喪』，自應作『天夭』。況劉貢父〔三〕在存中前，已謂《蔡邕傳》『夭夭』當作『天夭』。存中乃欲援（音袁）史證經，非也。白樂天《咏懷》詩：『冉牛與顔淵，卞和與馬遷。或罹天夭極，或被人刑殘。』以人對天，尤可相證。

《邕傳》作『速速方轂』，注謂：『小人乘寵，方轂而行。方猶并也。』《筆談》引作轂，亦非。

【校箋】

〔一〕《詩經·小雅·正月》：『佌佌彼有屋，蔌蔌方有穀。民今之無禄，天夭是椓。』

〔二〕《後漢書·蔡邕傳》：『速速方轂，夭夭是加。』

〔三〕劉貢父：劉攽，北宋史學家，劉敞之弟，字貢夫，一字貢父。

皋比

皋比，音皮。流俗往往作上聲用，非是。朱子《張横渠贊》：『勇撤皋比。』〔一〕蓋以虎皮爲講席也。唐戴叔倫《禪寺讀書》詩：『猊座翻蕭索，皋比喜接連。』則以皋比爲講席，唐世已然。皋比字，出《左傳·莊公十年》：『蒙皋比而先犯之。』杜元凱注云：『虎皮也。』陸德明《釋文》：『比，音毗。』〔二〕

【校箋】

〔一〕朱熹《張横渠先生像贊》：『早悦孫吴，晚逃佛老。勇撤皋比，一變至道。精思力踐，妙契疾書。訂頑之訓，示我廣居。』

〔二〕按，康熙五十八年刊本缺此條。

煬竈〔一〕

昔一友問予『煬竈』二字所出，予以《莊子》『煬者避竈』答之，然與『嬖佞弄權』意無涉也。近閲《戰國策》：『衛靈公近癰疽、彌子瑕。二人者，專君之勢，以蔽左右。復塗偵謂君曰：「昔日，臣夢見君。」君曰：「子何夢？」曰：「夢見竈君。」君忿然作色，曰：「吾聞夢見人君者，夢見日。今子曰『夢見竈君』，而言君何也？」有説則可，無説則死。」對曰：「日并燭天下者也，一物不能蔽也。若竈則不然，前之人煬，則後之人無從見也。今臣疑人之有煬於君者也，是以夢見竈君。」』〔二〕

煬音様，吴音誤讀爲陽。

【校箋】

〔一〕按，康熙五十八年刊本缺『煬竈』條。

〔二〕按，語出《戰國策·宋衛中山卷第十》。

冬至書雲之誤

《容齋隨筆》云：『今人以冬至日爲書雲，至用之於表啓中，雖前輩或不細考，然皆非也。《左傳·僖五年》：「正月，辛亥，朔，日南至。公既視朔，遂登臺以望而書，禮也。凡分、至、啓、閉，必書雲物，爲備故也。」杜注：「周正月，今十一月。分，春、秋分也。至，冬、夏至也。啓者，立春、立夏。閉者，立秋、立冬。雲物者，氣色灾變也。」蓋四時凡八節，其禮并同。漢明帝永平二年春正月辛未，宗祀光武，畢，登靈臺觀雲物。尤爲可證。而但讀《左傳》前兩三句，故顯以指冬至云。』〔一〕

【校箋】

〔一〕此條語出洪邁《容齋四筆》卷一一『用書雲之誤』條。

閤下閣下之辨

漢、唐、宋、元稱『閤下』，前明稱『閣下』，其義各不相蒙。流俗不明閤、閣之辨，泥乎『閣下』之稱者，漢、唐、宋、元文集，凡言『閤下』，盡讀爲『閣』。如村塾師改韓、柳文『閤下』爲『閣下』是也。明朝人文集中，凡言『閣下』，漫改爲『閤』如後人欲改《歸太僕集》『閣下』爲『閤下』是也。〔一〕。《日知録》有此一條，言之甚詳。備載於此，不嫌覼縷也。云：趙璘《因話録》曰：『古者三公開閤，郡守比古之侯伯，亦有閤，故世俗書題有閤下之稱《漢書·王尊傳》：「直符史詣閤下，從太守受其事。」前輩呼刺史太守，亦曰「節下」。與宰相大僚書，往往稱「執事」，言閤下之執事人耳。劉子玄爲史官，《與監修宰相書》稱「足下」。韓文公《與使主張僕射音夜書》稱「執事」。此其例也。若記室本繫王侯賓佐之稱，他人亦非所宜。「執事」則指其左右之人，尊卑皆可通稱。「侍者」，則士庶可用之。近日官至使府、御史及畿令，悉呼「閣下」。至於初命賓佐，猶呼「記室」。今則一例「閣下」，上下無别。其「執事」纔施於舉人，「侍者」止行於釋子而已。今之布衣相呼，盡曰「閣下」。雖出於浮薄相戲，亦是名分天壤矣。』〔二〕

又云：謝在杭《五雜組》言：『閣，夾室也，以板爲之。《禮記·内則》：「天子之閣，左達五，右達五。」蓋古人置此以庋（音紀）飲食之所，即今房中之板閣，而後乃廣之，以爲樓觀之通名，如石渠、天禄、麒麟之類。或以藏書，或以繪（音會）象，或以爲登眺游覽之所。閣者，門旁小户也。因設館於其旁，即謂之閤。《漢書·公孫弘傳》：「開東閤以延賢人。」師古曰：「閤者，小門也，東向開之。避當庭門而引賓客，以别於掾史官屬。」如今官署，角門旁有延賓館是也。故《蕭望之傳》言：「自引出閤。」〔三〕而《雋（前上聲）不疑傳》：「暴勝之爲直指使者，不疑至門，勝之開閤延請。」〔四〕是凡官府，皆有閤，不獨三公也。《韓延壽傳》：「行（去聲）縣至高陵，入卧傳（音戰）舍，閉閤思過。」〔五〕如今之閉角門，不聽官屬入也。《朱博傳》：「召見功曹，閉閤數責。」〔六〕此又是閉角門不聽出也。東晋太極殿有東西閤，唐制仿之，以宣政殿爲前殿，紫宸爲便殿。前殿謂之正衙，天子不御前殿，而御紫宸，乃自正衙唤仗，繇閤門而入。百官候朝於衙者，因隨以入見，謂之入閤。蓋中門不啓，而開角門也。《爾雅》：「小閨謂之閤。」〔七〕而室中之門，亦或用此爲稱。是則二字之義，本自不同。《漢舊儀》曰：「丞相聽事門曰黄閤，不敢洞開朱門，以别於人主，故以黄塗之，謂之黄閤。」今代以文淵閣藏書，而大學士主之，故謂之閣老。』〔八〕蓋亦論經石渠、挍書天禄之遺意爾。然西京但有閣，而未以爲官曹之稱，至後漢始謂之臺閣。《古詩爲焦仲卿作》云：『汝是大家子，仕宦於臺閣。』陳壽《三國志》評曰：『魏世事統臺閣，重内輕外，故八座尚書，即古六卿之任也。』裴松之《三國志》注引《魏略》曰：『薛夏爲秘書丞，嘗以公事移蘭臺。蘭臺自以臺也，而秘書署耳，謂夏爲不得移。推使當有坐者，夏報之曰：「蘭臺爲外臺，秘書爲内閣，臺、閣一也，何不相移之有？」蘭臺屈，無以折。自是之後，遂以爲常。』〔九〕《唐書·職官志》：『光宅元年九月，改門下省爲鸞臺，中書省爲鳳閣。』李肇《國史補》：『宰相相呼爲堂老，兩省相呼爲閣老。』杜子美《奉贈嚴八閣老》詩云：『扈聖登黄閣。』《困學紀聞》曰：『給事中屬門下省，開元曰黄門省，故曰黄閣。左拾遺亦東省之屬，故曰官曹可接聯。』又《將赴成都草堂途中寄嚴鄭公》詩云：『生理祇憑黄閣老。』此特借黄門爲黄閣，而亦本於漢人臺閣之稱。《唐書·楊綰傳》：『故事，舍人年久者爲閣老。』然則今之内閣，實本於此，而非取三公黄閣之義。其言入閣辦事，謂入此内閣爾，而與唐之隨仗入閣不相蒙也。閣下之稱，猶云臺下。古今异名，亦何妨乎？〔一〇〕

【校箋】

〔一〕《歸太僕集》：指歸有光的文集。歸有光，字熙甫，别號震川，世稱『震川先生』，曾任南京太樸寺丞，故稱『歸太樸』。

〔二〕語出唐趙璘《因話録》卷五《徵部》。

〔三〕語出《漢書·蕭望之傳》。

〔四〕語出《漢書·雋疏于薛平彭傳》。

〔五〕語出《漢書·趙尹韓張兩王傳》。

〔六〕語出《漢書・薛宣朱博傳》。

〔七〕語出《爾雅・釋宫第五》。

〔八〕以上語出明謝肇淛《五雜俎》卷三《地部一》。

〔九〕語出《三國志・魏書・鍾繇華歆王朗傳》。

〔一〇〕此條具體内容出自顧炎武《日知録》卷二四『閣下』條。

乾字音异

乾有虔、干二音，《淮南子》：『乾鵲知來而不知往。』《西京雜記》：『乾鵲噪而行人至。』王荆公謂應讀虔音，今讀干。《左・昭二十六年》：『公在乾侯。』乾注音干，謂其地水常竭也。今讀虔，至乾作乹之非。《容齋隨筆》嘗言之。〔一〕

【校箋】

〔一〕按此『乾字音异』條，洪邁《容齋四筆・卷十二》『小學不講』條下有相關解釋，可互參。

卷十

雜字音義

素王

素王謂孔子，素臣謂左丘明。王似宜從平聲，然杜元凱〔一〕《左傳序》云『立素王』，又云『仲尼素王』。陸氏并音于况反，注謂：『素，空也。』素王，無位而王也。

【校箋】

〔一〕杜元凱：杜預，字元凱，西晋時期著名的政治家、軍事家、學者，著有《春秋左氏經傳集解》等。

酗

酗，虚去聲。以酒爲凶曰酗。酗酒字出《商書·微子篇》〔一〕，今俗輒曰『凶酒』，非也。亦作『酌』。《趙充國傳》：『湯數醉酌羌人。』〔二〕

【校箋】

〔一〕語出《尚書·周書·無逸》：『無若殷王受之迷亂，酗於酒德哉！』注云：『以酒爲凶謂之酗。言紂心迷政亂，以酗酒爲德。戒嗣王無如之。』

〔二〕語出《漢書·趙充國辛慶忌傳》。又按，上胡氏引文『趙充國』，康熙五十八年刊本書作『克』，《湖海樓叢書》本作『充』。作『充』是也，『克』乃書誤而致。

覬覦

覬覦，音計俞。希幸也。《左·桓二年》：『民服事其上，而下無覬覦。』《漢書·叙傳》：『絶信、布之覬覦。』〔一〕俗讀『愷喻』，非。

【校箋】

〔一〕語出《漢書·叙傳第七十上》：『超然遠覽，淵然深識，收陵、嬰之明分，絶信、布之覬覦。』

倘

倘，音敞。忽止貌。《莊子·在宥篇》：『雲將見之，倘然止，贄然〔一〕立。』今誤作『儻』字用。

【校箋】

〔一〕贄然：不動貌。

侄

侄，音質。《廣韵》注云：『堅也。又牢也。』俗誤作『子姪』字用。〔一〕

【校箋】

〔一〕侄：堅、牢。《廣雅·釋詁一》：『侄，堅也。』《玉篇·人部》：『侄，牢也，堅也。』文獻中又用於表示兄弟的兒子，此義上《説文》正作『姪』。《説文·女部》：『姪，兄之女也。』朱駿聲《説文通訓定聲》云：『受姪稱者，男女皆可通。』

朘

朘，音宣。縮也，減也。《漢書》：『民日朘月削。』〔一〕今誤讀『俊削』。

【校箋】

〔一〕按，清刻本《漢書·董仲舒傳》云：『民日削月朘。』與胡氏引文略异。

熙熙壤壤

《史·貨殖傳》：『天下熙熙，皆爲利來（叶音離）；天下壤壤，皆爲利往。』熙熙，和樂也。壤壤，和緩貌。今用作天下攘攘、穰穰，皆與元文背戾。

紬

紬繹之紬，音抽。《漢·谷永傳》：『燕見紬繹，以求咎愆。』師古曰：『紬讀曰抽。紬繹者，引其緒也。』〔二〕《史公自序》：『紬史記石室金匱之書。』徐廣亦音抽。師古於《漢書·史遷傳》又音胄，謂綴集之。音義俱异。

【校箋】

〔一〕『燕見紬繹，以求咎愆』下，清刻本《漢書》顔師古注云：『紬讀曰抽。紬繹者，引其端緒也。』與胡氏引文略异。

紙

紙，音止，从氏。俗从氐，誤。紙〔一〕音低。《廣韵》注云：『絲滓也。』

【校箋】

〔一〕按，『紙音低』之『紙』字，康熙五十八年刊本、《四庫全書》本如此作，《湖海樓叢書》本作『紙』。從上下文意察之，作『紙』是也。《廣韵·齊韵》：『紙，絲滓。』

衣

《周書》：『紹聞衣德言。』[一] 衣，去聲。服之也。言繼其所聞，服行文王之德言也。今人名字多取義焉，輒誤呼衣爲平聲。

【校箋】

〔一〕語出《尚書·周書·康誥》。

劇

劇，音極。甚也。[一] 理煩治劇。又劇談[二]，戲劇。又姓。吴音誤呼爲强入聲。

【校箋】

〔一〕劇：《説文新附·刀部》：『劇，尤甚也。』

〔二〕劇談：暢談。

畹

畹，淵上聲。音苑。田三十畝曰畹。〔一〕《騷》：『余既滋蘭之九畹兮，又樹蕙之百晦。』又和婉、玟琬、宛然類，并音苑。俗誤讀椀〔二〕，不可革也。

【校箋】

〔一〕畹：古代土地單位，《説文·田部》：『畹，田三十畝也。』舊讀作遠，與胡氏所論相合。

〔二〕椀：盛放飲食的器具。同『盌（碗）』，《玉篇·皿部》：『盌，小盂。亦作椀。』

眇

眇，小也。《周書》：『眇眇予末小子。』〔一〕《莊子·德充符》：『眇乎小哉！』《史》：『始以薛公爲魁梧，然今觀之，眇小丈夫耳。』〔二〕俗用眇小字，誤作渺〔三〕。《廣韵》注云：『渺淼〔四〕，水皃。』

【校箋】

〔一〕語出《尚書·周書·顧命》。

〔二〕語出《史記·孟嘗君列傳》：『孟嘗君過趙，趙平原君客之。趙人聞孟嘗君賢，出觀之，皆笑曰：「始以薛公爲魁然也，今視之，乃眇小丈夫耳。」孟嘗君聞之，怒。客與俱者下，斫擊殺數百人，遂滅一縣以去。』

〔三〕渺：指水遼遠無邊的樣子，引申有深遠、渺茫、渺小等用法。

〔四〕淼：水流長遠的樣子，常作『渺淼』。

儋石

儋石不合作擔。〔一〕《漢·蒯通傳》：『守儋石之禄。』〔二〕《揚雄傳》：『家乏儋石之儲。』〔三〕儋，罃也，瓦器。應劭曰：『受二斛〔四〕。』

【校箋】

〔一〕儋：成擔貨物的計量單位。《通雅·算數》：『一石爲石，再石爲儋，故後人以儋呼石。』

〔二〕語出《漢書·蒯伍江息夫傳》：『守儋石之祿者，闕卿相之位。』應劭注云：『齊人名小甖爲儋，受二斛。』

〔三〕語出《漢書·揚雄傳》：『家産不過十金，乏無儋石之儲，晏如也。』

〔四〕斛：舊時量器。《説文·斗部》：『斛，十斗也。』

肯綮

肯綮，筋肉結處。〔一〕綮音謦。《莊子》：『技經肯綮之未嘗。』與『啓』音不同。

【校箋】

〔一〕肯綮：筋骨結合處，比喻事物的關鍵。按，此條起首『肯綮』之『肯』，康熙五十八年刊本、《四庫全書》本如此作，《湖海樓叢書》本作『肎』。此『肎』乃『肯』的《説文》篆體隸定形，

『肯』是傳承變异字形，今從通行體。

胼胝

胼胝，皮厚也。《史》：『禹手足胼胝。』〔一〕胝，音支。

【校箋】

〔一〕語出《史記·夏本紀》：『禹勤溝洫，手足胼胝。言乘四載，動履四時。』

學

學，一音效。教也。〔一〕《記》：『春夏學干戈，秋冬學禮樂。』〔二〕又『學之爲君臣焉，學之爲父子焉』〔三〕等句。今人制義〔四〕，承襲用之，仍作學習意，與經旨刺（音粹）謬〔五〕。

【校箋】

〔一〕學：教授。後作『教』。《廣雅·釋詁四》：『學，教也。』

〔二〕語出《禮記·文王世子》：『春夏學干戈，秋冬學羽籥。』

〔三〕語出《禮記·文王世子》：『故學之爲父子焉，學之爲君臣焉，學之爲長幼焉。』注云：『學，教。』陸氏《音義》云：『學，音效。』

〔四〕制義：明清科舉考試制度所規定的一種文體，又稱作時文、時藝等，俗稱八股文。

〔五〕刺謬：違背，悖謬。

抵掌

《廣韵》注曰：『抵掌，《説文》云：「側手擊也。」』〔一〕抵，音咫。《國策》：『抵掌而談。』〔二〕《史·滑（音骨）稽傳》：『抵掌談笑。』〔三〕字从氏，今从氐，誤。抵，音邸，擠也，觸也。

【校箋】

〔一〕抵掌：側擊，拍。《説文·手部》：『抵，側擊也。』又《廣韵·紙韵》：『抵，抵掌。《説文》云：「側手擊也。」』

〔二〕按，《四部叢刊初編》本《戰國策》之《趙策》《秦策》均作『抵掌而談』，與胡氏引文之『抵』有别。

〔三〕按，同文書局石印本《史記·滑稽列傳》：『即爲孫叔敖衣冠，抵掌談語。』此作『抵』，亦與胡氏引文之『抵』有别。

喬野

喬野之喬，音驕。與驕同。〔一〕《禮·表記》：『喬而野，朴而不文。』

【校箋】

〔一〕喬：本指高而上曲，文獻中或又借爲驕傲之驕。

丘墟

丘墟音區，亦作虛。〔一〕《詩》：『升彼虛矣。』〔二〕《左》『有莘之虛』〔三〕、『昆吾之虛』〔四〕。《漢・公孫弘傳》：『客館丘虛。』《莊子・秋水》：『井蛙不可以語於海者，拘於虛也。』俗讀『噓』。

【校箋】

〔一〕按，『墟』乃『虛』之後出分化字，大丘義本作『虛』。後因『虛』主要表示空虛義，故而又添加『土』旁作『墟』表示土丘義。

〔二〕語出《詩經・鄘風・定之方中》：『升彼虛矣，以望楚矣。』

〔三〕語出《左傳・僖公二十八年》：『晉侯登有莘之虛，以觀師。曰：「少長有禮，其可用也。」』

〔四〕語出《左傳・哀公十七年》：『被髮北面而噪曰：「登此昆吾之虛。」』

扢

扢，音蓋。又音骨。摩也。《漢・郊祀歌》：『扢嘉壇。』〔一〕注：『摩拭其壇也。』又『揚扢風雅』。

【校箋】

〔一〕語出《漢書・禮樂志》：『扢嘉壇，椒蘭芳。』孟康注曰：『扢，摩也。』師古曰：『音公忽反。謂摩拭其壇，加以椒蘭之芳。』

鉛槧

鉛槧，音賢倩。揚雄作《方言》『懷鉛提槧』〔一〕，謂以鉛摘之於槧。槧，削木爲牘。

【校箋】

〔一〕《西京雜記》：『揚子雲好事，常懷鉛提槧，從諸計吏，訪殊方絶域四方之語。』此『揚子雲』即揚雄，字子雲，著有《方言》。

嘏

嘏，音假。《廣韵》注云：『大也。福也。』又祝嘏〔一〕，祝爲尸致告之辭。叶音古。《詩》：『天錫公純嘏，眉壽保魯。』〔二〕流俗但知叶韵，而忘其本音。

【校箋】

〔一〕祝嘏：祭祀時致祝禱之辭和傳達神言的人。

〔二〕《詩經·魯頌·閟宫》：『天錫公純嘏，眉壽保魯。』胡氏引文之『錫』字，乃『賜』的通假字，取賜予義。

派

派，水之衺流也。俗作泒，非。泒，音孤，水名。〔一〕

【校箋】

〔一〕派：水的支流。《説文·水部》：『派，別水也。』胡氏所謂『俗作泒』，乃因『派』『泒』二字形體相近，故而書寫致誤。

戲豫

《詩》：『敬天之怒，無敢戲豫。敬天之渝，無敢馳驅。』〔一〕戲豫，今制義中誤作『戲渝』。想因下句『渝』字，記憶不清，遂致沿訛不覺耳。

【校箋】

〔一〕語出《詩經·大雅·生民》。

妺喜

妺喜，桀妻。妺，音末。从『本末』之『末』，與『姊妹』之『妹』从『未』不同。〔一〕

【校箋】

〔一〕妺：女子人名用字。《玉篇·女部》：『妺，妺喜，桀妻也。』因『妺』右邊的『末』與『妹』右邊的『未』形體較近，易致混訛，故而胡氏予以區分之。

豪氂

豪氂〔一〕，與毫氂〔二〕同。《記·經解》〔三〕及《易緯》皆曰『差以豪氂，繆以千氂』。『氂』亦作『釐』。

【校箋】

〔一〕氂：本爲治理、處理義，引申爲改變等用法，又借用作量詞，表示長度單位。

〔二〕毫氂：言數量極小。『毫』本指長而鋭的毛，又泛指細毛，引申又指極小，進而又用作量詞。在表示極細小義上，『豪』是『毫』之借字。

〔三〕《禮記·經解》：『故禮之教化也微，其止邪也於未形，使人日徙善遠罪而不自知也，是以先王隆之也。易曰：「君子慎始，差若豪氂，繆以千里。」此之謂也。』

榼

榼，堪入聲。酒器。《左傳》：『行人執榼承飲，造於子重。』俗誤讀『盒』。

溘

溘，堪入聲。奄忽也。《騷》：『寧溘死以流亡兮。』

參差

參差之參，借音春，與參伍之參音驂异。韓昌黎《孟生詩》：『諒非軒冕族，應對多差參。萍蓬風波急，桑榆日月侵。』〔一〕《藝苑雌黄》云：『古詩押韵，多有語顛倒而理無害者，如退之以「參差」爲「差參」、以「玲瓏」爲「瓏玲」是也。』〔二〕觀此則參差爲春音無疑也。《關雎》之詩『參差荇菜』，「參」，《傳》音初南反。人自不察，承訛讀驂。又音森。參、商，二星名，俗亦誤讀驂。

【校箋】

〔一〕揚州詩局本《全唐詩》作：『諒非軒冕族，應對多差參。萍蓬風波急，桑榆日月侵。』上引文『軒冕族』之『族』字，康熙五十八年刊本、《湖海樓叢書》本、《四庫全書》本均作『旅』。按，作『族』是也，『旅』乃其形近訛誤字。

〔二〕《藝苑雌黄》：此書辨正經史訛謬，《宋史·藝文志》載此書二十卷，其目録涉及子史、傳注、詩詞、時序等。

頁

頁，音頡。《廣韵》注云：『頭也。』村塾誤作『紙葉』字用。

堂廉

堂廉字，出賈誼《治安策》。廉，堂之側隅也。俗或誤作『堂簾』〔一〕。

【校箋】

〔一〕簾：指用竹、葦或布等做成的遮蔽門窗的用具，與『廉』義别。

床第

床第〔一〕，床格也。《左傳》：『床第之言不逾閾〔二〕。』俗或誤作『床笫』。

【校箋】

〔一〕第：竹編的床墊子，也指床。

〔二〕語出《左傳·襄公二十七年》。閾：門檻，後泛指門。

悃愊

漢章帝《敕三公詔》：『安静之吏，悃愊無華。』〔一〕悃愊，至誠也。愊音壁，俗或誤讀『悃幅』。〔二〕

【校箋】

〔一〕語出《後漢書·章帝紀》。

〔二〕誤讀作『悃幅』，當是因『愊』『幅』形近而致誤。

捭闔

捭闔，《鬼谷子》篇名。捭，音擺，開之也。闔，閉之也。俗或誤作『押闔』〔一〕。

【校箋】

〔一〕俗誤作『押闔』，乃『捭』『押』手書形近而致誤。

滫瀡

《内則》：『滫瀡以滑之。』〔一〕滫，上聲，久泔也。瀡，雖上聲，滑也。俗或誤作『滫髓』。

【校箋】

〔一〕語出《禮記·内則》：『滫瀡以滑之，脂膏以膏之。』

尉候

揚雄《解嘲音遭》：『東南一尉，西北一候。』〔一〕注曰：『候，所以伺音四候遠國來朝之賓。亦官也。』俗或誤作『候尉』。

【校箋】

〔一〕語出《漢書·揚雄傳》。

彌綸

《易·繫辭傳》：『故能彌綸天地之道。』《本義》云：『彌，如彌縫之彌，有終竟聯合之意。綸，有選擇條理之意。』〔二〕俗或誤作『瀰淪』。

【校箋】

〔一〕語出《周易本義》卷三《繫辭上傳》。

授粲

《詩》：『適子之館兮，還予授子之粲兮。』〔一〕今或誤作『授餐』。

【校箋】

〔一〕語出《詩經·鄭風·緇衣》。

相猶

《詩》：『式相好矣，無相猶矣。』〔一〕猶，謀也。或誤作『相尤』。

【校箋】

〔一〕語出《詩經·小雅·斯干》。

若而

《左·襄十二年》：『夫婦所生若而人。』杜注：『不敢謄，亦不敢毀，故曰若如人。』〔一〕案此，是亦而、如通例。若而人，猶言如此人，俗或誤用作若干人意。自『堂廉』以下諸弊，卅年前，制義中觸目皆是，今能辨之者多矣。

【校箋】

〔一〕語出《左傳·襄公十二年》：『夫婦所生若而人，妾婦之子若而人。』

焯

焯，與灼同。俗誤讀『卓』。〔一〕

【校箋】

〔一〕焯：明徹。又表示火燒、火炙義，王念孫《廣雅疏證》云：『焯者，《廣韵》：「火氣也。」焯與灼亦聲近義同。』故而胡氏云：『與灼同。』

僋

僋，音暫。《表記》：『君子不以一日使其躬僋焉，如不終日。』又《曲禮》『毋僋言』，與《左傳》『鼓僋焉可也』音慙義异。

窋

窋，音質。不窋失官，后稷之子。[一] 漢有平陽侯曹窋，參之子。[二]

【校箋】

〔一〕不窋：姬姓，華夏族，后稷之子。

〔二〕曹窋，姬姓曹氏，曹國後裔，漢相曹參之子。

蠕

蠕，而宣切，輭平聲。蠕動字，出《荀子》《莊子》。俗讀『須』，非。

朱提

朱提，音殊時。漢縣名，出銀。〔一〕

【校箋】

〔一〕朱提：漢代縣名，在今雲南省昭通市，盛産白銀，世稱『朱提銀』，後世亦用作『銀』的代稱。

砥

砥，音止。《書·傳》：『砥，細於礪，皆磨石也。』〔一〕俗於砥厲廉隅〔二〕、中流砥柱〔三〕、周道如砥〔四〕之類，皆誤讀『抵』。

【校箋】

〔一〕語出《尚書·禹貢》：『礪砥砮丹。』《傳》云：『砥，細於礪，皆磨石也。』

〔二〕砥厲廉隅：語出《禮記·儒行》：『近文章，砥厲廉隅。』

〔三〕中流砥柱：語出《晏子春秋·内篇諫下》。

〔四〕周道如砥：語出《詩經·小雅·大東》：『周道如砥，其直如矢。』

觖

觖，音決。缺也。觖望，謂不滿所望而怨也。《史·燕世家》『此獨尚觖望』〔一〕、《盧綰傳》『群臣觖望』〔二〕，字从夬。俗或誤从央，因讀爲『央望』。

【校箋】

〔一〕同文書局石印本《史記·荆燕世家》：『獨此尚觖望。』與胡氏引文『此獨尚觖望』略异。

〔二〕《史記·韓信盧綰列傳》：『欲王盧綰，爲群臣觖望。』

闖

闖，丑禁反，琛去聲。《公羊傳》：『開之則闖然，公子陽生也。』〔一〕注：『出頭貌。』又窺覘也。韓、孟《聯句》：『儒門雖大啓，奸首不敢闖。』與禁、浸等字押，俗讀『創』。

【校箋】

〔一〕語出《公羊傳·哀公六年》。

坊

坊，一音防，與防同。〔一〕《禮·坊記》『以此坊民』〔二〕、『刑以坊淫』〔三〕。又『言坊行表』，《荀子》作防，『君子言有壇宇，行有防表』。〔四〕

【校箋】

〔一〕坊：同『防』，取堤防、防範義。《廣韵·陽韵》：『坊』，同『防』。

〔二〕按，《禮記·坊記》多次出現『以此坊民』之說。

〔三〕按，《禮記·坊記》：『故君子禮以坊德，刑以坊淫，命以坊欲。』又按，上胡氏引文『刑以坊淫』之『淫』字，《湖海樓叢書》本如此作，康熙五十八年刊本、《四庫全書》本作『滛』。作『淫』是也，『滛』乃由『淫』書寫訛誤所致。《五經文字·水部》：『淫，久雨曰淫。作滛，訛。』

〔四〕《荀子·儒效篇第八》：『匹夫問學，不及爲士，則不教也。百家之説，不及先王，則不聽也。夫是之謂「君子言有壇宇，行有防表也」。』言坊行表，意爲言行爲人表率。

圜

圜，與圓同。又圜視，驚視也。《賈誼傳》：『天下圜視而起。』〔一〕《梓人傳》：『予圜視大駭。』〔二〕

【校箋】

〔一〕《漢書·賈誼傳》：『動一親戚，天下圜視而起。』應劭曰：『圜，精正視也。』顔師古注云：『言驚愕也。』

〔二〕清嘉慶内府刻本《全唐文》之柳宗元《梓人傳》：『凡執用之工不在列。余圜視大駭，然後知其術之工大矣。』

漸、於

高漸離，漸，《史記正義》音子廉反。〔一〕樊於期，於，《宛(音苑)委餘編》讀『烏』。

【校箋】

〔一〕按，同文書局石印本《史記三家注》卷八六《刺客列傳第二十六》并無『音子廉反』一説。不過《史記》他處有之。《史記·宋微子世家》：『麥秀漸漸兮，禾黍油油。』司馬貞《索隱》：

『漸漸，麥芒之狀，音子廉反，又依字讀。』

敧

敧，音谿，不正也。亦作攲。俗从欠，誤。欹，音伊，嘆美也。

冣

冣，除去聲，古聚字。今誤爲最字。〔一〕

【校箋】

〔一〕冣：積聚。段玉裁《說文解字注》『冣』下注云：『冣與聚音義皆同，與冃部之「最」音義皆別……至乎南北朝，「冣」「最」不分。』

嬪

嬪，音頻，婦也。《書》：『嬪於虞。』《詩》曰：『嬪于京。』妃嬪，婦官名。《記》有九嬪。吴音誤呼爲『擯』。

刊

刊，看平聲，削也。『劉歆答揚雄，縣諸日月不刊之書，言不可削除也。』後世以此字作梓刻用。楊用修〔一〕深辨其非，字从干戈之干，與从千百之千不同。刊，音茜，切也。〔二〕

【校箋】

〔一〕楊用修：楊慎，明代文學家，字用修。

〔二〕刊：切也。《字彙·刀部》：『刊，俗爲雕刊字，誤。』

骫

骫，音委，古委字。屈曲曰骫。《唐·鄭注傳》：『撓音鬧骫朝法。』歐陽公《代王狀元謝啓》〔一〕：『陸機閱史，尚靡識於撐犁。枚皋屬音竹文，徒自成於骫骳。』

【校箋】

〔一〕謝啓：舊時對人表示答謝的一種文體。

橘

橘，均入聲，非涓入聲。

敦

敦盤之敦，音對。《周禮・玉府》：『若合諸侯，則共珠盤玉敦。』注：『盤敦類，珠玉以爲飾。珠盤以盛牛耳，尸盟（音明）者執之。玉敦，歃血玉器。』

掞

掞，音閃，舒也。《選》：『摛（音鴟）藻掞天庭。』〔一〕

【校箋】

〔一〕語出《文選・蜀都賦》。

聞

聞，去聲。聲達於外也，與平聲不同。如《詩》『聲聞于天』『聲聞于野』、《記》『言聞則入，言不聞則不入』之類。〔一〕

【校箋】

〔一〕聞：此處取名聲、名望義。

嵇

嵇，音奚。山名。〔一〕叔夜〔二〕居其側，因以爲姓。俗讀『稽』，非〔三〕。

【校箋】

〔一〕嵇：山名，在今安徽宿州以西，亳州以東。又按，此字舊讀同『席』。

〔二〕叔夜：嵇康，字叔夜，三國時曹魏著名的思想家、文學家。

〔三〕按，此『非』字，《四庫全書》本無。

蓋、葉、查

蓋姓，音閤。〔一〕漢有蓋公，治黄老。蓋寬饒，醒而狂。〔二〕又葉姓，應讀攝。〔三〕查姓，應讀茶。〔四〕今并從本音，非也。

【校箋】

〔一〕蓋：姓氏。

〔二〕蓋寬饒：字次公，爲漢宣帝太中大夫。

〔三〕葉：姓氏。《風俗通》：『楚沈尹戌生諸梁，食采於葉，因氏焉。』

〔四〕查：姓氏。

晟

晟，音盛，明也。熾也。唐將李晟，五代史有孫晟，宋朝樂名曰大晟〔一〕。

【校箋】

〔一〕大晟：指大晟府或大晟府整理、製作的樂曲。

鰓鰓

鰓鰓，讀徙徙，與葸同，畏懼貌。〔一〕《漢書·刑法志》：『鰓鰓常恐天下之一合而共軋己。』

【校箋】

〔一〕葸：害怕，畏縮。在此義上，『鰓』是『葸』的通假字，也取恐懼、憂懼義。

妥帖

妥帖，俗或作妥貼，非。陸士衡《文賦》：『或妥帖而易施。』韓昌黎《薦士詩》：『妥帖力排奡。』〔一〕《石鼓歌》：『安置妥帖平不頗。』〔二〕

【校箋】

〔一〕韓愈《薦士》：『横空盤硬語，妥帖力排奡。』奡：同『傲』，傲慢。

〔二〕韓愈《石鼓歌》：『剜苔剔蘚露節角，安置妥帖平不頗。』

隲

隲，音質，定也。〔一〕陰隲、評隲，鄉音〔二〕誤呼爲『則』。

【校箋】

〔一〕隲：同『騭』，公馬。

〔二〕按，此『鄉音』，《昭代叢書》本、《湖海樓叢書》本如上作，康熙五十八年刊本、《四庫全書》本作『吳音』。胡鳴玉是青浦人士，其鄉音正是吳音，二者所指之義相通。

苞

苞，音包。《詩》『竹苞』『方苞』，《史》『苞苴』。亦作包。《禹貢》『漸包』，《易·繫》『包桑』。俗讀『袍』。案，此字本婢小反，音莩，草名。《漢書》有『苞履』。《佩觿集》〔一〕曰：『有以草名之苞爲厥包，其順非有如此者。』

【校箋】

〔一〕《佩觿》：宋郭忠恕撰，此書上卷重在闡述文字變遷的觀點，中、下卷重在辨别形音相近的字。

暴

暴，音僕，日乾也。又顯示也。與暴虐、侵暴、暴殄等音迥別〔一〕。今人用暴露、暴白，誤呼『庖』去聲。

【校箋】

〔一〕按，此『迥別』，康熙五十八年刊本、《昭代叢書》本、《湖海樓叢書》本均如此作，《四庫全書》本作『別』，缺『迥』字。

郤

郤，與隙音喫同，从卩音邑不从卩音節。〔一〕《莊子·養生主》：『批大郤，導大窾〔二〕。』又姓，晉有三郤〔三〕。俗誤讀郤，郤从卩，與却同。〔四〕

【校箋】

〔一〕郤：古邑名。又與『隙』通，表示空隙、間隙。

〔二〕窾：空穴，空隙。

〔三〕三郤：春秋中期晉國的一個權臣集團，主要由郤錡、郤犨、郤至三人組成。

〔四〕卻：節制，後退。因『郤』與『卻』形體較爲接近，故常致訛誤。

雹

雹，音薄。《春秋》：『大雨去聲雹。』〔一〕

【校箋】

〔一〕《春秋》多見『大雨雹』之說。

苛

苛，音何。亦作荷。〔一〕《漢·酈食其傳》：『聞其將皆握齱好荷禮。』〔二〕楊用修曰：『苛，小草也，今但知爲苛刻之苛；藐，紫草也，今但知爲藐然之藐；藎，染草也，今但知爲忠藎之藎。』

【校箋】

〔一〕苛：小草。引申表示煩瑣、繁細義。此義上，文獻中或借『荷』字爲之，胡氏下引例正是。

〔二〕《漢書·酈陸朱劉叔孫傳》：『及陳勝、項梁等起，諸將徇地過高陽者數十人，食其聞其將皆握齱好荷禮。』顔師古注：『荷與苛同。苛，細也。』

屈

屈姓，音九勿反，音如掘。〔一〕

【校箋】

〔一〕按，『屈』字，《廣韵·物韵》：『屈，姓。楚有屈平。』《通志·氏族略三》：『屈氏，芈姓，楚之公族也。莫敖屈瑕食邑於屈，因以爲氏。』

屬

屬，一音竹。續也，托也。如屬文、屬客、屬書、屬和〔一〕之類。《六書正譌》謂：『俗作囑，非。』〔二〕

【校箋】

〔一〕屬和：跟着别人唱和，和别人的詩。

〔二〕按，《六書正譌·入聲·沃燭》『屬』下云：『借爲屬托字，别作囑，非。』

讋

讋，占入聲，失氣而言也。又懼也。又人名。《戰國策》『左師觸讋』〔一〕，村塾誤讀觸龍《史記》作『觸龍』。〔二〕

【校箋】

〔一〕語出《戰國策·趙策》。

〔二〕對於『觸讋』『觸龍』之辨，王念孫《讀書雜志·戰國策第二·趙》『觸讋揖之』條下按云：『吴説非也。此策及《趙世家》皆作「左師觸龍言願見太后」，今本「龍言」二字誤合爲「讋」耳。太后聞觸龍願見之言，故盛氣以待之。若無言字，則文義不明。』長沙馬王堆漢墓出土戰國縱横家帛書亦作『觸龍』，與《史記》所載無别。

瀧

瀧，音雙，奔湍也。又水名，在韶州樂昌縣。[一]昌黎有《瀧吏詩》，歐公有《瀧岡阡表》。又浙江桐廬縣有七里瀧，在嚴子陵釣臺之西。

【校箋】

〔一〕瀧：湍急的流水。又爲水名，指廣東的羅定江，讀同『雙』。

辟

辟易之辟，音僻。《史·項羽本紀》：『人馬俱驚，辟易數里。』謂開張而易其故處。又徵辟之辟，音璧。

愒

愒，音慨。《左・昭元年》：『翫歲而愒日。』〔一〕今用玩愒字本此，俗或誤讀『玩氣』。

【校箋】

〔一〕《左傳・昭公元年》：『趙孟將死矣。主民，翫歲而愒日，其與幾何？』注云：『翫、愒，皆貪也。』

口吻

口吻，音憒。亦作脗。〔一〕俗誤呼口忽。

【校箋】

〔一〕吻：又作『膪』，《篇海類編・身體類・肉部》：『膪，詳吻。』『脗』又同『膪』，《字彙・肉部》：『膾，俗作脂。』

禊

禊，音係。祓除惡祭名。〔一〕三月上巳（俗書巳午字，不用鈎挑，非。），祓除不祥。〔二〕《蘭亭序》云：『修禊事也。』

【校箋】

〔一〕禊：古代春秋兩季於水濱設祭祓除不祥。

〔二〕《史記·外戚世家》：『武帝祓霸上還。』裴駰《集解》引徐廣之説云：『三月上巳，臨水祓除謂之禊。』

錯愕

錯愕，音措，誤。《後漢·寒朗傳》：『二人錯愕不能對。』注云：『猶倉卒也。錯音七故反，愕音

五故反。』愕，《廣韵》作『愣』。〔一〕

【校箋】

〔一〕愕：同『愣』。《集韵·鐸韵》：『遻，《説文》：「相遇驚也。」或从心。隸作愣。』

岐嶷

岐嶷，音逆，小兒有知識貌。《詩》：『克岐克嶷，以就口食。』《傳》：『峻茂之貌。』〔一〕俗或誤押岐凝。

【校箋】

〔一〕《詩經·大雅·生民》：『誕實匍匐，克岐克嶷，以就口食。』

子諒

《樂記》：『易直子諒之心，油然生矣。』〔一〕朱子曰：『「易直子諒之心」一句，從來説得無理會，却因見《韓詩外傳》〔二〕「子諒」作「慈良」，則可無疑矣。』

【校箋】

〔一〕《禮記·樂記》：『君子曰：禮樂不可斯須去身。致樂以治心，則易直子諒之心，油然生矣。易直子諒之心生，則樂。樂則安，安則久，久則天，天則神。天則不言而信，神則不怒而威，致樂以治心者也。』

〔二〕《韓詩外傳》：西漢韓嬰撰。今本作十卷。其書雜述古事古語，有三百六十條逸事、道德説教、倫理規範以及忠告等不同内容的條目，雖每條皆徵引《詩經》中的句子（今本有二十八條未引，當係缺脱），然實係引《詩》以與古事相印證，非引事以闡釋《詩經》本義。

脞

脞，坐上聲。叢脞，煩碎也。《書》：『元首叢脞哉。』〔一〕俗讀挫，非。

【校箋】

〔一〕《尚書·益稷》：『元首叢脞哉！股肱惰哉！萬事墮哉！』孔《傳》云：『叢脞，細碎無大略。君如此，則臣懈惰，萬事墮廢，其功不成。歌以申戒。』

脣

脣舌字从月，俗从口，誤。唇音真。《廣韵》注云：『驚也。』〔一〕

【校箋】

〔一〕唇：驚。段玉裁《説文解字注》『唇』下云：『後人以震字爲之。』此『唇』字又讀同

『脣』，表示嘴唇義。

伏

百里奚，烹伏雌。伏，浮去聲。禽伏卵也。俗讀如字，非。〔一〕

【校箋】

〔一〕伏：在表示鳥孵卵義上，『伏』字讀同『赴』。《廣韻・宥韻》：『伏，鳥抱子也。』

皶

皶，齧也。俗誤作咬。咬，音交，鳥聲。〔一〕《莊子・齊物論》『宎〔二〕者、咬者』，言風聲之不齊。

【校箋】

〔一〕皶：同『咬』。《集韻・巧韻》：『皶，《説文》：「齧骨也。」亦作咬。』

〔二〕実：風入孔竅發出的一種聲響。

俗書喜加艸字

俗書喜加『艸』字，如『絲麻』作『痲』、『卧席』作『蓆』、『芻蕘』作『蒭』、『蔬果』作『菓』、『葱韭』作『韮』之類，出自俚俗，不足爲怪。文人學士所當戒也。〔一〕

【校箋】

〔一〕按，此種現象是受漢字書寫時類化現象的影響所致。

田畝斤兩等

向疑匹夫百畝爲太多，及讀程子〔一〕之言曰：『古者百畝，止當今之四十畝。今之百畝，當古之二百四十畝。古三斤，當今十三兩，蓋一斤當今四兩三分也。』又《餘冬序録》（何孟春著）云：『古權四十斤，今才十五斤耳。量容十斗者，特今之三斗耳。』〔二〕張仲景《傷寒證治論》『湯劑』注云：『古方三兩當今一兩，三升當今一升。』《晦庵語録》云：『今之一升，即古之三升。今之一兩，即古之三兩。』〔三〕須知之。

【校箋】

〔一〕程子：此指『二程』中的程頤，北宋理學家、教育家。字正叔，洛陽人，人稱『伊川先生』。

〔二〕《餘冬序録》：明代何孟春撰。何孟春字子元，明朝文學家。

〔三〕《晦庵語録》：《朱子語録》。朱熹字元晦，一字仲晦，號晦庵，南宋理學家、教育家。

訛頭

《日知録》第三十二卷論『訛』字一則中言〔一〕：『景泰元年，御史張瀲言：「京師奸宄叢集，游手成群，有謂之把棍者，有謂之拿訛頭者。」』〔二〕注云：『偵知一人作奸，則尾隨其後。陷人於罪，從而嚇詐金錢，謂之挐訛頭。即漢律所謂「恐猲受財」。』世或認作『鵝頭』，故録之。

【校箋】

〔一〕「《日知録》第三十二卷論「訛」字一則中言」數語，《昭代叢書》本作「《日知録》言」。

〔二〕上胡氏引文「景泰」二字，《昭代叢書》本、《湖海樓叢書》本如上作，顧炎武《日知録》卷三二「訛」條作「泰昌」。

渾噩

《揚子法言》〔一〕：「虞夏之書，渾渾爾。商之書，灝灝爾。周之書，噩噩爾。」注：「渾渾者，簡質之意；灝灝者，曠遠之意；噩噩者，嚴肅之意。」今用「渾噩」字，似指虞夏商周以前，非也。

【校箋】

〔一〕《揚子法言》：又稱《法言》，漢代揚雄模仿《論語》而作，取義於非先王之法言不敢道。

狉榛

柳子厚《封建論》：『草木榛榛，鹿豕狉狉。』榛榛，木密也。狉狉，群走貌。今因狉从犬，榛亦从犬作『狉獉』，非。〔一〕

【校箋】

〔一〕狉榛：同『狉獉』。

襘結

《左·昭十一年》：『叔向曰：「衣有襘，帶有結。」』注：『襘，領會。結，帶結。』又曰：『視不過結襘之中，所以道容貌也。』今因襘从衣，結亦或从衣作『袺襘』，非。〔二〕

【校箋】

〔一〕『作「袺襘」，非』數字，《湖海樓叢書》本如上作，《昭代叢書》本缺。

喪家之狗

《家語》〔一〕鄭人謂孔子『纍（平聲）然如喪家之狗』。注云：『喪家狗，主人哀荒，不見飲食，故纍然不得意。』〔二〕《韓詩外傳》：『子曰：「賜獨不見喪家之狗與？既斂而椁，布器而祭，顧望無人，故儽然也。」』案此，則喪字宜平聲讀，今之用作去聲者，亦有所本。杜詩：『昔如縱壑魚，今如喪家狗。』〔三〕夏侯湛《贊》：『若失水之魚，喪家之狗。』〔四〕

【校箋】

〔一〕《家語》：指《孔子家語》，又名《孔氏家語》，簡稱《家語》。儒家類著作，原書二十七卷，今存十卷，共四十四篇，主要記録孔子及其弟子的思想和言行，是研究孔子的重要資料。

〔二〕《孔子家語》卷五《困誓第二十二》：『孔子適鄭，與弟子相失，獨立東郭門外。或人謂子貢曰：「東門外有一人焉，其長九尺有六寸，河目隆顙，其頭似堯，其頸似皋繇，其肩似子產，然自腰已下不及禹者三寸，纍然如喪家之狗。」』

〔三〕语出杜甫《將適吴楚，留別章使君留後，兼幕府諸公，得柳字》。

〔四〕《晋書·夏侯湛傳》：『當此之時，若失水之魚，喪家之狗，行不勝衣，言不出口。』

掎角

《左·襄十四年》：『譬如捕鹿，晋人角之，諸戎掎之，與晋踣之。』謂晋執其角以禦上，戎戾其足以亢下。掎音羇上聲。《説文》：『偏引也。』《廣韵》：『牽一脚也。』又前漢班固《叙傳》：『秦失其鹿，劉季逐而掎之。』〔一〕今或誤寫作『犄角』。犄，音漪。《廣韵》：『犗也。』《集韵》：『牛名。』

【校箋】

〔一〕《漢書·叙傳第七十上》：『昔秦失其鹿，劉季逐而掎之。』顔師古注云：『掎，偏持其足也。音居蟻反。』

交綏

『交綏』字，出《左·文十二年》。〔一〕注：『《司馬法》曰：「逐奔不遠，從綏不及。逐奔不遠則難誘，從綏不及則難陷。」』然則古名退軍爲綏。秦晉志未能堅戰，短兵未至，争而兩退，故曰『交綏』。案此，今以交戰爲交綏，非。

【校箋】

〔一〕《左傳·文公十二年》：『宣子曰：「秦獲穿也，獲一卿矣。秦以勝歸，我何以報？」乃皆出戰，交綏。』

萋斐

《詩》：『萋兮斐兮，成是貝錦。』〔一〕朱《傳》：『萋斐，小文之貌。』〔二〕《釋文》云：『文相錯也。』〔三〕言因萋斐之形，而文致之，以成貝錦。以比讒人者，因人之小過，而飾成大罪也。今或寫作『萋菲』。

【校箋】

〔一〕語出《詩經·小雅·巷伯》。

〔二〕朱熹《詩集傳》：『萋、斐，小文之貌。貝，水中介蟲也。』

〔三〕《經典釋文·毛詩音義》：『萋斐，文相錯也。』

七廟

時義中，每用『天子九廟』句。案，《禮·王制》：『天子七廟。三昭，三穆，與太祖之廟而七。』《家語》：『夫子荅子羔云：「天子七廟，自虞夏至周之所不變。」』所謂七廟者，高、曾、祖、考，親廟〔一〕四；五世、六世，祧廟〔二〕二；始祖之廟一。周雖有文、武二世室，然在懿王時，而文王親盡，乃立文世室。在孝王時，而武王親盡，乃立武世室。誠以廟數不得溢於七之外，而文、武功德，親盡不遷，故曰『世室』〔三〕。當周公制禮時，文武在四親廟中，何由而立世室，又何由而有九廟之名乎？至於夏、殷用九廟，尤非。

【校箋】

〔一〕親廟：祖廟。

〔二〕祧廟：遠祖廟。

〔三〕世室：宗廟。

尠

尠〔一〕，音選。《説文》：『少也。』字本作『尟』，今用『寡見尠聞』句，寫作『渺聞』，不知何出。案，《文選》陸士衡《嘆逝賦》：『戚貌瘁而尠歡。』潘安仁《西征賦》：『尠林焚而鳥存。』張平子《西京賦》：『慘則尠於驩。』善曰：『尠，少也。與鮮通。』〔二〕

【校箋】

〔一〕尠：少。今作『鮮』。

〔二〕陸士衡，指陸機，字士衡。潘安仁，指潘安，字安仁。張平子，指張衡，字平子。

得心應手

《莊子·天道篇》：『輪扁對齊桓公曰：「斫輪徐則甘而不固，疾則苦而不入。不徐不疾，得之於手，而應於心。」』今用作『得心應手』，與本文不合。〔一〕

【校箋】

〔一〕循《莊子》之義，『得之於手，而應於心』指學習一种技藝的時候，在實際中把功夫練到爐火純青，自然會在心中形成相應的理論。而『得心應手』則重點指心裏怎麽想，手中就怎麽做出來，是理論優於實踐。

二叔

《左·僖二十四年》富辰〔一〕曰：『昔周公吊二叔之不咸，故封建親戚，以蕃屏周。』林注云：『周公傷夏商之二叔世〔二〕，疏其親戚，不能同心，以至滅亡。故廣封兄弟，建爲諸侯，以爲周室之蕃翰屏蔽。』〔三〕或以二叔爲管、蔡者，非。蓋下文方列管、蔡爲文、昭，故不得以二叔爲管、蔡。又管叔、蔡叔、霍叔，三叔不得稱二叔。』唐翁之言如是，乃知此誤，自宋已然，今無不明之矣。

【校箋】

〔一〕富辰：周襄王的大夫，傳説是富姓的創始人。

〔二〕叔世：猶末世，衰亂的時代。

〔三〕語出宋林唐翁《春秋經左氏傳句解》。

隱秀

評詩文用『穩秀』字，於理無妨。但案出處，實是『隱』字。《文心雕龍》有《隱秀》篇曰：『隱也者，文外之重旨者也。秀也者，篇中之獨拔者也。隱以複意爲工，秀以卓絶爲巧。』〔一〕

【校箋】

〔一〕隱秀：比喻文字優雅。『隱秀』書作『穩秀』，蓋是文字訛誤所致。

火耕

《史·貨殖傳》：『楚越之地，地廣人希。飯稻羹魚，或火耕而水耨。』〔一〕注謂：『楚俗燒榛種田。』杜子美《居楚遺悶》詩云：『瓦卜傳神語，燒田費火耕（一作聲）。』〔二〕此一徵也。今用作『水耕火耨』，『耕』或用『水』，火豈可以施於耨乎？

【校箋】

〔一〕其下正義云：『言風草下種，苗生大而草生小，以水灌之，則草死而苗無損也。耨，除草也。』

〔二〕按，杜甫《戲作俳諧體遣悶二首》，揚州詩局本《全唐詩》卷二三一作：『瓦卜傳神語，畬田費火聲。是非何處定，高枕笑浮生。』與胡氏引文略异。

十二諸侯

《淮南子》曰：『越王勾踐，南面而霸天下。泗上十二諸侯，皆朝之。』〔一〕《史・天官書》：『太微宫垣，有匡衡十二星。』〔二〕注《正義》云：『十二諸侯之府也。』乃知『天有十二次，日月之所躔也。地有十二州，王侯之所國也』。舉十二州，以該天下之諸侯，非謂十二國也。

【校箋】

〔一〕《四部叢刊》本《淮南鴻烈集解》卷一一《齊俗訓第十一》：『然而勝夫差於五湖，南面而霸天下。泗上十二諸侯，皆率九夷以朝。』

〔二〕同文書局石印本《史記三家注》卷二七《天官書第五》：『衡，太微，三光之廷。匡衛十二星，藩臣。』注《正義》云：『太微宫垣十星，在翼、軫地，天子之宫庭，五帝之坐，十二諸侯之府也。』

擩染

昌黎《房公墓碣銘》云：『目擩耳染，不學以能。』今或用作『濡染』，雖於義自通，而非出處本意。他若『撙節（上聲）』作『樽』、『跛倚（《祭器》）』作『踦』〔一〕、『輻湊（《史·貨殖傳》）』作『輳』、『瓠落（《莊子》）』作『匏』、『泰折（《祭法》）』作『泰圻』、『闕翬（《左·昭十五年》）』作『翬闕』、『典寶（逸書名）』作『寶典』、『疏附奔奏』之『奏』作『走』、『不以玉帛而以興戎（《左·僖十五年》）』之『興』作『兵』之類，時義中往往有之。

【校箋】

〔一〕按，『「跛倚」作「踦」』之『踦』，《昭代叢書》本如此作，《湖海樓叢書》本作『跛』，非也。今據《昭代叢書》本作『踦』。

土苴選懦

字有讀本音而誤者，如《莊子·讓王篇》：『其土苴以治天下。』土音姹，苴音鮓，謂糞草、查〔一〕滓、糟粕之類。《後漢·清河王傳》：『選懦之恩，知非國典。』又《西羌傳》：『公卿選懦，容頭過身。』〔二〕爲仁慈畏葸之義。選與巽同。懦音軟，不反奴卧。

【校箋】

〔一〕按，此處『查滓』之『查』用同『渣』。《農政全書·水利·泰西水法下》：『查，滓也。查無用簁，擇其過大者去之。』

〔二〕《後漢書·西羌傳》：『今三郡未復，園陵單外，而公卿選懦，容頭過身。』《前書音義》：『選懦，柔怯也。』

司農士師

司農之名，始於漢時。〔一〕三代以前，止有司徒，而無司農。《周禮·地官》司徒掌教而兼農。故《酒誥》：『農父若保。』蔡《傳》云：『農父，教官司徒也。主農。』案此，制義於孔孟語中，似不宜用『司農』字。又唐虞刑官曰『士』，《舜典》：『汝作士。』注云：『士，理官也。』〔二〕至周始有『士師』之名，今稱皋陶曰『士師』，亦欠考核，近世選家〔三〕曾辯之。

【校箋】

〔一〕司農：官名。上古時代是負責教民稼穡的農官。

〔二〕語出《尚書·舜典》。

〔三〕選家：舊時稱選集科場墨卷八股文章的人，也指選編文集的人。

在宥

在，察也。宥，寬也。〔一〕二字本《莊子》篇名，其言曰：『聞在宥天下，不聞治天下也。』〔二〕在之也者，恐天下之淫其性也。宥之也者，恐天下之遷其德也。今襲用之，而或誤解其義，故詳之。

【校箋】

〔一〕宥：寬仁，寬待。《説文・宀部》：『宥，寬也。』

〔二〕語出《莊子・在宥》。